생각하고 토론하는

서양 철학 이야기 4

현대 – 이성의 이면과 사유의 다양성

생각하고 토론하는

서양 철학 이야기 4

현대-이성의 이면과 사유의 다양성

지은이 · 윤성우 | 일러스트 · 최남진 | 펴낸이 · 김현태 | 펴낸곳 · 책세상 | 초판 1쇄 펴낸날 2006년 12월 24일 |
초판 4쇄 펴낸날 2020년 6월 26일 | 주소 · 서울시 마포구 잔다리로 62-1, 3층(04031) | 전화 · 02-3273-1333(편집부) 02-704-1251(영업부) |
팩스 · 02-719-1258 | 이메일 · editor@chaeksesang.com | 광고·제휴 문의 · creator@chaeksesang.com | 홈페이지 chaeksesang.com

등록 1975. 5. 21 제 1-517호

ISBN 978-89-7013-605-9 04000
978-89-7013-596-0 (세트)

잘못되거나 파손된 책은 구입하신 서점에서 교환해드립니다.
책값은 뒤표지에 있습니다.

* 이 도서의 국립중앙도서관 출판예정도서목록(CIP)은 서지정보유통지원시스템 홈페이지
(http://seoji.nl.go.kr)와 국가자료종합목록 구축시스템(http://kolis-net.nl.go.kr)에서
이용하실 수 있습니다.(CIP제어번호: CIP2018041469)

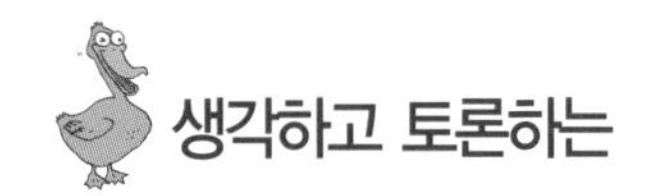

서양 철학 이야기 4

현대–이성의 이면과 사유의 다양성

윤성우 지음 | 최남진 그림

책세상

차례 | 생각하고 토론하는

서양 철학 이야기 ④

현대-이성의 이면과 사유의 다양성

현대 철학은 어디에서 시작되었을까

서양 근대와 현대를 구분하는 기준은 무엇일까? 역사학에서는 고대와 중세를 서로마 제국의 멸망으로, 중세와 근대를 르네상스와 종교 개혁으로 구분한다. 일반적으로는 과학 기술 분야에서 혁명적인 변화가 일어나 인류의 생활과 사고방식이 크게 바뀐 19세기 말과 20세기 초를 현대의 시작이라고 볼 수 있다. 하지만 근대와 현대를 구분하기는 그렇게 간단하지 않다. 현대에서 보기에 근대는 과거의 독립된 시대가 아니라 여전히 현대와 연결된 시대이기 때문인데, 이러한 모호함은 철학에서도 예외가 아니다. 데카르트René Descartes, 칸트Immanuel Kant, 헤겔G. W. F. Hegel은 근대 철학자가 확실한데, 마르크스Karl Marx와 니체Friedrich Nietzsche는 어떤가? 후설Edmund Husserl이나 소쉬르Ferdinand de Saussure, 프로이트Sigmund Freud나 비트겐슈타인Ludwig Wittgenstein은 어떨까? 19세기 말에서 20세기 초에 걸쳐 있는 철학자들 모두를 근대를 마무리하고 현대를 연 철학자로 말할 수 있을까?

그렇다면 철학에서 현대는 어떻게 규정될까? 논점과 시각에 따라 여러 가지 대답이 가능하겠지만, 여기서는 철학의 주제와 문제의식, 그리고 그것을 다루는 방식을 중심으로 근대와 현대의 철학을 구분하려 한다. 만약 근대 철학의 주제와 문제의식, 사유 방식이 현대 철학의 그것과 다르다면 명확하게는 아니더라도 구별의 기준을 세워볼 수 있지 않을까?

그러기 위해서는 인간의 본성과 능력에 대한 인식 변화를 살펴보아야 한다. 전쟁은 어느 시대에나 끊임없이 벌어졌지만 특히 20세기의 전반을 점령한 양차 대전은 사람들의 가치관에 큰 변화를 불러일으켰다. 당시 사람들은 전쟁을 일으킨 주체인 '인간성'에 대해 어떤 생각을 했을까? 그간 인간의 우수한 능력으로 평가받아 온 이성을 계속 신뢰했을까, 아니면 더 의심하고 회의했을까? 근대에 이성은 인간의 인식과 행위의 중심축이었다. 명칭과 내용은 조금씩 달랐지만 철학자들 대부분은 이성이 주체적이고 자각적이며, 외부 대상을 분석하고 파악하여 이것에 직접 영향력을 행사하려는 일반적인 성격을 가진 것으로 파악했다.

하지만 이렇게 대상을 파악하고 인식하는 원리나 근거로서 작동하는 전능한 이성의 능력은 의심받기 시작했으며, 인간 자신에 대해서도 그렇게 자명하고 투명하며 의심 없는 인식을 추구하기 어려워졌다. 그렇다고 해서 인간이 더 이상 이성적이지 않게 되었다는 말은 아니다. 인간이 자신 안에 내재하는 능력들 가운데 가장 뛰어난 것이라 믿어온 이성의 능력과 재량권을 의심하기 시작했다는 것이다.

과연 이성이 그렇게 자율적이고 자기 충족적이고 자명한가? 이성과 사물은 직접 그리고 아무런 중간 매개 없이 인식하는 주체와 인식되는 대상으로 나뉘는가? 이성에 앞서며, 이성보다 더 근본적으로 이성의 활동을 조건 짓는 것은 없을까? 서양 근대를 마감하고 현대의 문턱에 선 철학자들은 이와 같은 질문들을 던지기 시작했다. 뿐만 아니라 그들은 그에 대해 근대의 방식과는 다르게 답하기 시작했다. 즉 이전 시대의 문제에 다시 답하는 것이 아니라 새로운

문제를 제기했으며 그 해결 방향 또한 이전과 달랐다. 따라서 이러한 변화를 우리는 현대 철학의 시작으로 볼 수 있을 것이다.

그러한 현상을 본격적으로 확인할 수 있는 예는 20세기 벽두부터 비트겐슈타인을 비롯한 여러 철학자들의 화두였던 '언어'의 문제다. 이 책의 제1장에서 다룰 주제인 언어는 근대의 문제 지형들을 단숨에 뛰어넘어 전혀 다른 문제 지형으로 우리를 안내한다. 제2장의 주제인 현상(現象)과 인간 실존도 마찬가지다. 현대 철학은 더 이상 인간을 내재적 관점과 각도에서 다루지 않고 인간 개체를 외재적으로 포섭하는 상황과 구조 혹은 세계의 시각에서 접근하기 시작한 것이다. 마지막 제3장의 주제인 욕망과 예술 그리고 비판 이론 역시 인간의 또 다른 내면적 대륙인 욕망을, 아름다움만을 추구하지 않는 예술의 새로운 방향 선회를, 그리고 인간 해방을 가능케 하는 해법을 근대와는 다른 방식으로 보여줄 것이다.

코페르니쿠스

코페르니쿠스는 태양이 지구 주위를 돈다는 천동설을 반박하면서 그와는 반대로 지동설, 즉 지구가 태양 주위를 돈다는 주장을 한 것으로 유명한 천문학자다. 이런 관점 및 사유 방식의 극전 전환을 근대 철학자 칸트가 코페르니쿠스적 전환이라 불렀다. 칸트에게서 이는 대상 중심적 인식이 아니라 관찰자인 인간 중심적 인식으로의 전환을 가리킨다. 코페르니쿠스는 칸트와 더불어 '전환(轉換)'의 상징이 된 지 오래다.

그렇다면 현대 철학의 시작점에서 만나게 되는 주제가 왜 하필 언어일까? 어떤 근거에서 현대의 철학자들은 우리가 발을 딛고 살아가는 이 시대 철학의 문제로서 언어를 선택했을까? 여기에 답하려면 이전 시대의 철학의 문제를 알아야 한다. 고대 철학에서는 존재하는 것들의 본질을 중시했다. 즉 어떤 존재가 학문 탐구의 장으로 들어왔을 때 붙이는 이름인 '대상object'의 본질을 연구하는 것이 중요했다. 그 뒤 신학과 결합되어 이 세상의 절대자에 대해 사유한 중세를 거쳐 근대에 들어서면서 이른바 코페르니쿠스 Copernicus적 혁명이 일어났다. 그것은 사유의 중심이 대상에서 대상을 연구하는 인간(주체)으로 전환했음을 뜻한다. 이때 '인간 중심'이란 특정한 시간과 장소에 거주하는 구체적인 인간이 아니라, 아주 넓고 일반적인 의미에서 대상 탐구나 그 연구의 최종 준거 또는 밑바탕을 이루는 자(者)를 가리킨다. 즉 현대 이전에는 크게 보아 대상 중심적 사유와 인간 중심적 사유가 있었다.

바로 여기서 현대 철학은 자신의 고유한 문제 영역을 발견했다. 대상 중심으로 사유할 것인가 인간 중심으로 사유할 것인가의 문제가 아니라, 그러한 사유 자체를 의심하기 시작한 것이다. 즉 인간과 사물 사이, 주체와 대상 사이, '나'와 '그것' 사이가 왜곡 없이 투명해서 '있는 그대로의' 현실을 인식할 수 있는 것일까?

주체인 인간과 인간이 경험하는 대상인 사물 사이에 아무것도 없는 텅 빈 공간, 절대적으로 빈 공간이 존재한다고 가정해보자. 그렇다면 인간의 생각이든 사물이든 그 공간에 있는 그대로 자신을 드러낼 것이다. 하지만 그 빈 공간을 우리가 직접적으로 투명하게 인식할 수는 없다. 따라서 양쪽을 필연적으로 연결하는 중간 장치가 필요한데, 이처럼 인간과 사물 또는 인간과 인간이 서로 만나고 소통하는 매개자를 현대 철학자들은 언어로 보았다. 하이데거의 "언어는 존재가 사는 집"과 비트겐슈타인의 "언어의 한계가 세계의 한계"라는 말은 이러한 맥락에서 이해할 수 있다. 제1장에서는 이러한 사유를 비트겐슈타인, 소쉬르, 리쾨르Paul Ricoeur를 중심으로 살펴볼 것이다.

제2장은 후설, 하이데거Martin Heidegger, 사르트르Jean Paul Sartre를 함께 놓았는데, 이렇게 한 근거가 무엇일까? 국적, 언어, 생존 시기 또는 그들의 철학과 사후 영향력일까? 아니면 서로 다

른 정치적 입장 때문일까? 어떻게 보면 제1장의 주제인 언어로도 그들의 철학은 통할 수 있다. 후설과 하이데거에게도 고유한 언어론이 있었으며 그들의 주된 관심이 언어였다고 해도 과언이 아니다. 노벨 문학상 수상자로 선정되는 영예를 안았지만 수상을 거부한 사르트르는 또 어떤가? 철학자이기에 앞서 지식인으로서 무엇보다도 문필가로서 명실상부하게 살다 간 사르트르에게도 언어는 중요한 무기이자 성찰의 대상이었다. 하지만 그들에게는 언어라는 주제를 넘어 '현상과 실존'이라는 공통된 문제의식이 있었다. 제2장에서는 세 명의 거장이 어떠한 맥락에서 현상과 실존이라는 주제로 한자리에 모이는지에 대해 답해볼 것이다.

이렇게 제2장까지 등장한 비트겐슈타인, 소쉬르, 리쾨르, 후설,

하이데거, 사르트르는 현대 철학을 대표하는 철학자로, 현대 철학의 주된 흐름을 알기 위해서는 이들의 철학을 살펴보는 것만으로 충분할 수도 있다. 하지만 아직도 거론되어야 할 사상가는 많이 남아 있다. 이른바 '의심의 세 대가'라 불리는 프로이트, 니체, 마르크스. 이들 가운데 니체와 마르크스는 근대를 종언한 사상가로서, 사실 이들의 사상은 시대적으로나 다른 철학자들에게 미친 영향에서 워낙 방대하기 때문에 접근이 조심스러울 수밖에 없다. 이 책에서는 니체와 마르크스를 다루지 않았는데 이는 그들을 과소평가해서가 아니라, 앞서도 이야기했듯 적절한 비중으로 그리고 공정하게 다룰 여건이 되지 않기 때문이다. 물론 앞선 근대편에서 다루기는 했지만, 특히 마르크스를 본격적으로 다루지 않고 현대 철학을 이야기할 수 없다는 의견이 있을 수 있다. 마르크스 철학은 우리 시대, 적어도 20세기의 진정한 사유의 지평이자 행위의 지평을 열었기 때문이다.

20세기의 사유는 때로는 마르크스주의에 동조하고 추종하면서, 때로는 저항하고 반대하면서 다양한 방식으로 전개되어왔다. 사실 마르크스주의가 우리 시대의 사유와 행위의 기준이 된 것은 그것이 완벽해서라기보다는 자신 안에 있던 진정한 물음과 모순을 우리 시대 전체의 것으로 만들었기 때문이다. 하지만 우리는 마르크스를 기점으로 인간을 억압과 구속에서 해방하려는 사회 철학적 움직임, 즉 비판 이론을 개괄적으로 성찰함으로써 한층 현대적인 마르크스주의의 변형들과 계승의 형태들을 살펴볼 것이다. 따라서 제3장에서는 마르크스 이후의 대표적인 사회 철학인 '비판 이론'

현대 프랑스 철학을 나름의 관점에서 정리한 벵상 데콩브는 자신의 저서 《동일자와 타자》에서 1930년대부터 1960년대까지 프랑스 철학의 무대를 군림했던 철학자들을 3H(헤겔, 후설, 하이데거)라 하고 1960년대 이후에는 마르크스, 니체, 프로이트라는 이른바 '의심의 대가들'이 전면에 등장한다고 했다. 이성과 의식의 기만과 허위에 대한 이 세 대가들의 기본적 의도와 전략들은 현행하는 현대 철학과 그 철학자들에게 중요한 철학적 동기들을 제공했다고 알려져 있다.

외에도 현대 철학에서 빼놓을 수 없는 경향인 예술에 대한 문제 제기와 또 다른 의심의 대가인 프로이트와 예술의 종언이 가져온 문제를 다룰 것이다.

모든 사상과 사유는 그 시대의 아들과 딸, 즉 시대의 산물이다. 그런데 어떤 사유와 담론은 한 시대를 넘어 다음 시대를 열어나가기도 한다. 철학의 진정한 진보와 발전은 어떤 사유가 마감되고 그 사유가 자신에게서 또 다른 사유를 만들어나가는 경계와 한계의 지점에서 이루어진다. 그 극단적인 경계의 지점으로 나아가지 못하거나 경계를 넘어서지 못한 채 안쪽에 머무는 자들에게는 새로운 사유의 발견과 모험이 허락되지 않는다. 따라서 당대와 그 뒤의 사람들이 무엇인가를 고민하고 말하기 시작할 때, 그 모든 논의의 출발점이자 준거로서 담론의 틀을 제공하는 철학자들과 사상가들이 있다. 데카르트가 그랬고 칸트, 헤겔, 후설, 마르크스와 소쉬르가 그랬으며 프로이트도 마찬가지다.

예를 들어 소쉬르는 언어에 대한 산발적이고도 개별적인 연구를 언어학의 지위에 올린 학자로서, 마르크스는 사회적 이념을 통해 한 세기를 풍미한 철학자로서, 프로이트는 인간 정신에 대한 폭넓은 탐구를 통해 현대 사상사에 코페르니쿠스적 전환을 가져온 학자로서 자리매김할 수 있을 것이다.

지금은 상식이 된 앎 두 가지를 생각해보자. 첫째, 코페르니쿠스가 주장했듯 우주의 중심은 지구가 아니다. 둘째, 다윈Charles Robert Darwin은 인간이 생물계의 중심이 아님을 밝혀냈다. 이 두 가지 앎은 전 지구적인 나르시시즘narcissism, 다시 말해 지구 중심적 사유와 그 집착에 대한 통렬한 반박이자, 만물의 영장으로서의 나르시시즘, 즉 생물계 안에서 인간 중심 사유와 그 집착에 대한 결정적인 반박이었다. 이제 그 반박들은 절대적인 사실로 굳어진 채 모든 상식적이고 합리적인 논의의 출발점이 되고 있다. 하지만 그렇게 되기까지는 수많은 희생과 오해가 따랐다. 어떤 이들

은 파문당했으며 어떤 책들은 금서 목록에 올랐다. 오늘날의 눈으로 보기에 프로이트는 그러한 나르시시즘에 최후의 일격을 가한 이라 할 수 있다. 그는 무의식과 욕망을 동력으로 이를 수행했는데, 마지막 장에서 우리는 그 공격의 근거와 맥락, 의미, 가치 등을 알아볼 것이다.

마지막으로 독자들이 제기할 법한 두 가지 의문에 답하고자 한다. 첫째, 예술과 철학에 어떤 상관관계가 있기에 현대 철학에서 중요하게 다루어야 하는가? 흔히 보는 회화는 물론이고 비디오 아트, 설치 예술, 퍼포먼스 등의 예술적 시도가 어떤 점에서 철학과 맞닿아 있을까? 예술은 자기실현을 위해 필요한 재료나 소재, 예를 들어 비디오나 재활용품 등에서는 물론이고 그 실현 방식에서 이미 자기 반성적이고 자기 비판적이다. 퍼포먼스는 인간의 몸이 그 자체로 훌륭한 예술 도구이자 장이라는 점을 실험적으로 보여주었다. 그 이전의 몸은 그려지거나 조각되는 모델일 뿐이었다. 또한 이전 시대의 누구도 비디오를 예술품으로 만들 수 있다고 생각하지 못했다. 이처럼 일상에서 비일상을, 평범함에서 비범함을, 그냥 지나치는 것을 대상으로 상상조차 할 수 없던 것을 떠올리고 실현해나간다는 점, 즉 자기 반성적이고 자기 비판적이며 자기 실험적인 측면에서 철학과 예술은 닮았다. 여러분에게는 이 이야기가 아직 구체적으로 다가오지 않을 것이다. 그러나 제3장에서 몇몇 철학자들의 분석과 예술가들의 작업을 살펴봄으로써 예술이 철학적으로 어떠한 문제를 제기하는지 이해할 수 있을 것이다.

이 책이 현대 철학의 지형 전체를 보여주는 첨단 내비게이션은 아니다. 그러려면 책의 무게는 한없이 늘어날 테고, 인쇄를 위한 종이와 잉크도 더 많이 필요할 것이다. 비트겐슈타인이나 러셀Bertrand Russell 외에도 영미 분석 철학에는 콰인Willard

Quine, 스트로슨Peter Strawson, 퍼트넘Hilary Putnam, 로티Richard Rorty, 테일러Charles Taylor, 롤즈John Rawls 등의 뛰어난 철학자들이 줄을 서서 기다리고 있다. 결코 소홀히 할 수 없는 현대 프랑스 철학의 대가인 레비나스Emmanuel Lévinas, 메를로 퐁티Maurice Merleau-Ponty, 데리다Jacques Derrida, 푸코Michel Foucault, 들뢰즈Gilles Deleuze 등이나 하이데거 이후의 독일 철학의 흐름을 상세히 다루지 못한 것도 아쉬운 대목이다. 하지만 이러한 선별이 필자의 자의적인 취향에서 나왔다고 오해하지 않기를 바란다. 여행 책자의 기능과 역할은 어디까지나 여행지에 대한 소개와 안내를 통해 독자 스스로 그곳을 찾게끔 하는 것 아닌가? 그런 점에서 이 책은 현대 철학의 전체적인 흐름을 이해하도록 안내하는 역할에 충실할 것이며, 그것을 토대로 현대 철학을 더욱 깊이 있게 알아가는 몫은 독자들에게 남겨두겠다.

제1장 언어—철학함의 근본이 되는 도구

개념concept과 본질essence은 어떻게 구분해야 할까? 사물이나 사태에서 '함께', 즉 공통적으로 있는 것은 개념으로, 이런 사람, 저런 사람 등 다양한 사람에게서 '사람'이라는 공통점을 찾아낸 것이 개념에 해당한다. 본질은 A라는 사물을 B나 C 등의 사물과 구별해주면서 A라는 사물을 A이게 하는 것이다. 즉 소금은 짠맛을 잃게 되면 소금이 아니다. 그렇다면 인간의 본질은 무엇일까? 무엇을 잃으면 인간이 더는 인간이 아니게 되는지 생각해보자.

'언어가 철학에서 왜 중요한가'라는 물음은 어제오늘 시작된 것이 아니다. 이 물음 이전의 철학사에서는 '개념(이데아, 본질)이 철학에서 왜 중요한가' 또는 '사유(코기토cogito)가 철학에서 왜 중요한가'라는 물음들이 있었다. 20세기 철학에서 언어가 중요해진 것은 그동안 서양 철학이 도달하지 못했던 일종의 자기의식이나 자기 고백의 증후라고 봐야 할 것이다. 이전까지 인간은 자연과 세계의 궁극적인 비밀에 대한 '사유'를 '개념'으로 풀기 위해 노력했다. 하지만 20세기에 들어 인간 주관의 능력인 사유나 개념 같은 굴레에서 풀려나면서 인간은 또 다른 방법, 즉 자연과 세계 사이에 놓인 언어라는 다리를 발견했다. 이를 간단히 표현하면 '인간—(언어)—세계'가 될 것이다. 그동안 인간은 자신의 개념이나 사유가 대상과 직접 만나고 대면한다고 믿어왔다. 아주 투명한 유리막이나 안경으로 사물의 본질이나 속성을 관찰하고 기록할 수 있다는 듯 개념이 사물의 성질을 있는 그대로 표현한다고 믿었으며, 세계의 본질을 있는 그대로 사유할 수 있다고 생각했다.

앞의 설명이 추상적으로 다가온다면 다음의 이야기를 읽어보자. 다음에서 제기하는 질문들은 앞으로 우리가 살펴볼 주제들과 밀접하게 관련되어 있다.

자기의식이란 인간을 포함한 어떤 존재자가 자각하고 인식하고 깨닫는 능력이나 상태를 가리킨다. 소크라테스가 "너 자신을 알라"라는 알쏭달쏭한 말을 한 뒤 철학에 관련된 이들은 자기의식의 획득이나 성취를 간절히 바랐다. 이 주제는 인간이 세계를 나름의 체계와 방식으로 이해하기 시작한 이래 가장 근본적으로 철학을 동요하게 한 주제다.

어느 고등학교에서 제주도로 3박4일 일정의 수학여행을 떠났다. 제주 공항에 내리자마자 학생들은 날씨는 물론이고 지형지물 심지어 말씨까지 뭍과는 다르다는 것을 알아차렸다. 학생들은 관광 안내원과 인솔 교사를 따라 성산 일출봉에도 가보고 연리지 식물원도 둘러보고, 버스로 한라산 중턱은 물론이고 용오름 같은 곳에도 올라보았다. 그동안 카메라의 셔터는 쉴 틈이 없었다. 관광의 목적지가 같고 단체인 만큼 동선은 크게 다르지 않았다.

수학여행에서 돌아와 학교에서는 수학여행 사진과 여행기에 대한 대회를 열었다. 나이에 맞는 발랄한 사진에서부터 장엄한 풍광을 담은 사진까지 수백 장의 사진과 재기 발랄한 글들이 전시되었다. 그런데 같은 곳을 다녀왔건만 사진과 글은 제각각이었다. 같은 장소를 찍은 사진인데도 저마다 앵글과 풍경이 달랐고, 같은 곳을 묘사한 글인데도 서로 다른 이야기를 하고 있었다. 사진이나 글로만 판단한다면 서로 다른 여행을 다녀왔다고 해도 좋을 만큼이었다. 같은 곳을 함께 다녀왔는데 왜 사진과 글이 제각각일까? 그렇다면 동일한 대상을 동일하게 체험하고 그것을 언어로 표현하는 것이 가능할까?

연리지 식물원은 그 사물 자체의 차원에서는 하나의 동일한 사물이지만, 이를 체험하는 주체들의 언어 표현과 사진들 속에서는 다르게 나타난다. 그렇다면 모든 사물은 그것을 지각하는 활동의 상대성을 전제로 하되, 그 지각 체험을 언어로 표현하지 않는 한 상대적인 지각 세계는 존재하지 않는다고 할 수 있지 않을까? 수학여행이 무엇이며 이를 통해 무엇을 보고 배우고 느꼈는지, 즉 수학여행의 '세계'는 과연 어디에 있을까? 연리지 식물원 자체에, 아니면 용오름 자체에, 아니면 여행을 다녀온 학생들의 머릿속에 머물러 있다고 봐야 할까? 그보다는 수학여행을 다녀온 이들의 언어, 즉 수학여행의 '언어' 속에 존재하는 것 아닐까? 사물 자체나 체험 주체 자체에 소통할 수 있고 풍부한 유의미성이 존재하는 것이 아니라 사물을 체험한 언어에 그 유의미성이 존재한다고 가정해보자. 그렇다면 수학여행의 언어가 수학여행의 세계를 경계 짓고 마무리하는 것이며, 우리가 찾을 수 있는 가장 분명하고 가시적인, 유의미한 소통의 세계는 언어 속에서만 존재한다.

이러한 언어 중심적 사유는 20세기의 주된 경향으로 철학의 여러 분과, 특히 해석학에서 언어에 대한 심도 있는 사유가 전개되었다. 그뿐만 아니라 20세기 인문학의 총아라 불릴 만한 언어학과 정신 분석학에서도 언어는 최고의 관심 영역이었다. 인류의 학문적 사유의 흐름과 철학이 전적으로 분리되어 전개되지 않음을 증명이라도 하듯, 서양 철학의 '언어적 전환'과 여타 학문의 연구는 모두 언어에 대한 관심으로 귀결된다. 물론 20세기를 여는 서양 철학의 키워드로 언어를 주목한다고 해서 그 이전 철학자들이 언어에 대한 반성과 사색을 전혀 하지 않았다는 의미는 아니다. 가령 비트겐슈타인은 언어와 세계의 관계를 고민하면서, 언어의 의미를 사물과의 직접적인 관련 속에서 찾으려 했다. 그는 언어와 세계가 서로 어울리거나 서로를 상대해야만 한다고 굳게 믿었다. 근대 유럽 철학은 헤겔을 정점으로 지나치게 사변적인 형이상학에 치우쳐 있었다. 이런 상황에서 철학자들은 물론이고 많은 이들이 언어에 대한 오해와 오용을 제거한다면 철학의 문제들을 치유할 수 있다고 믿은 것이다. 무엇이든 말하되 유의미하게 말하라! 이는 비트겐슈타인의 진정한 충고일지도 모른다.

한편 언어의 본질에 관한 문제의식을 철학적 가설을 통해서가 아니라 실증적인 자료와 경험적 방법으로 정립한 이가 있었는데 바로

플라톤은 대화편 《크라틸로스》에서 헤르모게네스의 입을 빌려 이렇게 말했다. "언어(또는 이름)라는 것은 자연적으로 또는 본래적으로 어떤 사물에 특정하게 속하는 것이 아니다. 오히려 명령과 관습에 따라 그 사물에 그 이름이 속할 뿐이다." 가령 사과는 '사과'라는 이름과 실물인 '사과' 사이에 본성적이거나 자연적인 관련이 없으며, 단지 특정 언어 공동체가 빨간색(또는 푸른색)의 새콤달콤한 과일에 '사과'라는 명칭을 붙이기로 약속했다는 것이다. 플라톤의 제자 아리스토텔레스도 기본적으로는 스승과 생각이 같았다. 즉 인간의 언어 기호는 인간들 사이의 '약속에 따라' 사용되는 것이지 '본성에 따라' 사용되지 않는다는 것이다.

소쉬르였다. 그가 가져온 언어 연구의 중요한 성과는 언어학은 물론이고 현대 철학의 기본 소양을 이루었다. 기존의 현대 철학 안내서에서는 잘 다루지 않았지만 이 책에서는 소쉬르가 제기한 언어 연구의 기본 개념들과 틀을 좀 더 상세하게 공부할 것이다.

소쉬르와 비트겐슈타인 말고도, 이들과는 또 다른 관점으로 언어를 사유한 철학자는 얼마든지 있다. 문학, 그중에서도 시어(詩語)의 중의성에 심취하거나 꿈속에서 튀어나오는 막연한 언어 이미지들에 민감한 철학자, 신화나 종교 문헌에 등장하지만 남들이 말도 안 되는 옛이야기일 뿐이라 치부하는 것에 남다른 애정을 품은 철학자 등. 비트겐슈타인이나 소쉬르와는 전혀 다른 방식으로 전혀 다르게 말하고 접근할 수도 있지 않을까? 언어의 의미에 대한 한쪽으로만 치우친 검증 원리를 피해 자연 언어의 다양한 사용과 풍부한 의미를 포기하지 않는 길은 없을까? 리쾨르는 이러한 질문에 섬세한 방식으로 답한 철학자다.

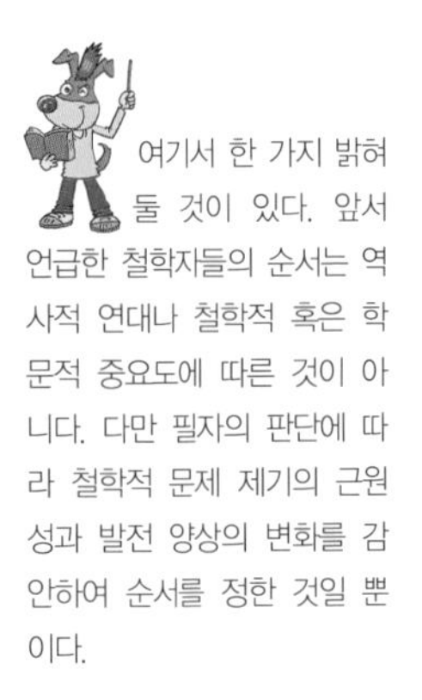

여기서 한 가지 밝혀 둘 것이 있다. 앞서 언급한 철학자들의 순서는 역사적 연대나 철학적 혹은 학문적 중요도에 따른 것이 아니다. 다만 필자의 판단에 따라 철학적 문제 제기의 근원성과 발전 양상의 변화를 감안하여 순서를 정한 것일 뿐이다.

1. 비트겐슈타인—단숨에 현대 철학의 지평을 연 천재

비트겐슈타인(1889~1951)은 생전에 남긴 단 한 권의 책으로 20세기 철학에 지대한 영향을 끼친 천재 철학자다. 그의 스승 러셀(1872~1970)이 그를 두고서 "그는 내게 처음에 제자로 왔다가 그 뒤 동료로 지냈으며 결국에는 스승이 되었다"라고 말했을 정도다. 비트겐슈타인은 탈세속적 태도와 소탈한 성격의 기인으로도 알려져 있는데, 그의 아버지가 화가 클림트Gustav Klimt를 후원했던 것에서 영향을 받아 유산 중 상당 부분을 여러 분야에 기부하고 평생 소박하게 살았다. 수도원에서 정원사로 일하고 초등학교에서 학생들을 가르치기도 했으며, 죽기 전 며칠 동안 자신을 돌보아준 친구의 부인에게 "잘 살았으며, 참 좋았다"라는 말을 남기고 떠났다고 한다.

구스타프 클림트

비트겐슈타인이 20세기 현대 철학 담론의 기초를 세운 몇 안 되는 철학자임을 의심하는 사람은 없다. 그렇게 말할 수 있는 기준은 무엇일까? 후대의 학자들은 비트겐슈타인의 철학을 전기와 후기로 나누는데 전기 철학은 언어와 세계가 직접 대응한다는 입장인 반면, 후기에 가면서 언어가 고정된 지시 대상을 가진다는 초기 입장을 수정해 언어는 사용 맥락과 환경에 따라 의미 규정이 달라진다는 입장을 취했다. 지금부터 그가 어떤 사유를 거쳐 전기 철학에서 후기 철학으로 나아갔으며 그 내용이 무엇인지를 살펴볼 것이다. 그 과정에서 비트겐슈타인이 현대 철학에서 어떤 의미를 가지며 그의 철학에 대한 평가는 정당한지를 생각해보기 바란다.

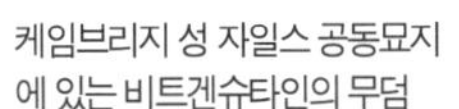
케임브리지 성 자일스 공동묘지에 있는 비트겐슈타인의 무덤

세계를 검증하라—러셀과 비트겐슈타인

비트겐슈타인의 철학에 친숙하게 다가가려면 그의 스승이자 동료인

러셀의 사상을 알아야 한다. 비트겐슈타인의 전기 철학을 대표하는 저작 《논리-철학 논고*Tractatus Logico-philosophicus*》는 러셀의 입장과 상당 부분 겹치기 때문이다. 러셀은 자신의 철학적 입장을 다음과 같은 명쾌한 문장으로 표현했다. "세계는 우리가 그것에 대해 어떻게 생각하기로 작정하든 그 자체로서 존재하는 사실을 포함하고 있다." 다시 말해 세계를 이루는 사실은 그것을 어떤 방식으로 표현하건 간에 표현에 좌우됨이 없이 건재하다는 것이다. 이때 언어는 과연 어떤 역할을 할 수 있을까? 러셀은 이 세계에서 언어는 실재의 그림picture이나 기술description이어야 한다고 주장했다. 그렇다면 언어는 사진처럼 사물을 그대로 담아내고 드러내주기만 하면 된다는 것일까? 과연 언어가 우리의 느낌과 체험을 그 정도로 잘 그려낼 수 있을까?

러셀의 기술 이론으로 한 걸음만 들어가보자. 러셀은 세계를 기술하는 문장은 참과 거짓을 따지기에 앞서 의미 있는 것이어야 한다고 말했다. 예를 들어 '프랑스의 현재 왕은 대머리다'라는 문장이 있다고 하자. 이것은 실재를 잘 기술하고 있는가? 현재 프랑스는 왕정이 아니므로 왕은 실존하지 않는다. 그렇다면 이 문장은 구체적인 지칭 대상이 없는 무의미한 문장이 되어버린다. 따라서 언어가 대상을 묘사하거나 기술하지 않는 한 이 언어는 그 의미가 불분명하며 그런 상황에서 그 문장이 무엇을 말하는지 알 수 없다. 그래서 러셀은 위의 문장을 둘로 나누어보면 참과 거짓이 판별되어 의미가 드러나게 된다고 말한다. '프랑스를 통치하는 유일한 개별자가 있다. 만일 누군가가 프랑스를 통치하면 그는 대머리다.'

러셀은 영국의 철학자이자 수학자, 사회 평론가로 수리 철학과 기호 논리학을 집대성해 분석 철학의 기초를 쌓았다. 러셀에게는 학자로서의 업적 외에도 평화주의자, 사회 운동가, 노벨 문학상 수상자라는 칭호가 따라다닌다. 1차 대전에 반대하고 아인슈타인과 함께 핵무기 폐기 운동을 펼쳤으며, 베트남 전쟁 반대 운동에도 앞장섰다. 1950년에 노벨 문학상을 받았고 영국 철학자 화이트헤드와 함께 쓴 《수학의 원리》를 비롯해 《의미와 진리에 관한 탐구》, 《나는 왜 기독교인이 아닌가》 등의 책을 썼다.

흔히 러셀의 이론을 기술 이론theory of description이라 하고 비트겐슈타인의 이론을 그림 이론picture theory of language 이라고도 한다.

이렇게 변형된 문장에서는 존재하지 않는 대상을 가리키는 지칭체를 제거했기에 문장 전체가 유의미해졌다. 그 다음은 이 문장이 참이냐 거짓이냐인데 두 문장 가운데 어느 문장도 실재의 상황과 맞지 않으므로 문장 전체가 거짓이 된다.

이러한 러셀의 기술 이론은 세계가 최종적으로 검증될 수 있는 감각적 대상과 감각 자료sense data로 환원되어야 하고 언어는 이를 논리 구조 안에 담아낸다는 것을 기본 골격으로 한다. 비트겐슈타인은 러셀의 입장을 근본적으로 유지하면서도 기술 이론이 적용되는 명제들의 종류를 자연 과학의 명제로 제시하고, 또 그 이론의 한계를 스스로 밝힘으로써 한 단계 나아갔다.

감각 자료는, 예를 들어 차가운 아이스크림을 먹거나 만지거나 할 때 느끼는 '차가움(의 느낌)'을 가리킨다.

언어는 실재의 반영—전기 비트겐슈타인

20세기 철학의 지형을 단번에 새롭게 바꾼 인물로 평가받는 비트겐슈타인 철학의 출발점은 바로 언어다. 그는 언어라는 열쇠 하나로 그동안 철학의 난제라고 여겨진 것을 가지치기했다. 비트겐슈타인에 따르면 그 문제들은 '언어의 논리'를 오해했기 때문에 발생했다. 철학에서 언어를 모호하게 사용해왔기에 철학의 문제, 예컨대 신 존재 증명, 영혼과 죽음의 문제 등을 해결하는 방식도 그 언어의 한계에서 벗어나지 못했다는 것이다. 그렇다면 비트겐슈타인은 어떤 처방을 준비했을까?

언어는 본질적으로 실재reality 세계를 반영한다. 언어와 세계 사이에 공통점이 없다면 언어로 세계를 설명하는 일이 가능할 리 없다. 즉 언어의 구조는 세계의 구조와 일대일로 대응한다. 따라서 비트겐슈타인이 내세운 처방의 근본적인 논점은 언어와 세계가 '동일한 논리 형식'을 지닌다는 것으로, 아래의 표와 같이 정리해 볼 수 있다.

이 세계(世界, world, monde)라는 개념만큼 복잡한 것도 없다. 세계는 대개 인간 존재자의 주변에서 또는 이와 무관하게 펼쳐져 있고 전개된 사물이나 대상들의 총체라고 파악된다. 철학자에 따라서는 인간 존재를 포함시키는 경우도 있고 그렇지 않은 경우도 있다. 하지만 현대 철학에서는 이 '세계' 개념을 좀 다르게 받아들인다. 하이데거는 도구적 사물들의 쓰임이나 목적 연관의 전부나 총체를 세계로 규정한다. 예를 들어 못은 망치를 가지고 수건 걸개를 걸기 위해, 수건은 몸의 물기를 없애기 위해, 몸의 물기를 닦고 나서는 무엇을……. 당연히 인간이라는 현존재(現存在)를 전제한다.

세계의 환원 구조	언어의 환원 구조
세계(=사태 또는 경우의 총체) → 복잡한 사태 → 좀 더 단순한 사태 → 단순 사태 → 대상	언어 → 복합 명제 → 덜 복잡한 명제 → 단순(요소) 명제 → 이름

비트겐슈타인은 세계를 '사태(또는 경우)의 총체'라고 규정했는데, 사물이나 대상의 총체가 아니라 사태state of affairs나 경우

case의 총체라고 한 것에 주의해야 한다. 그렇다면 사태나 경우는 사물과 어떻게 다른가? 사태는 사물들 사이에서 일어나는 것, 즉 내가 이름을 불러주었을 때 비로소 의미를 띠는 사물과도 같은 것이다. 즉 사물과 그것을 둘러싼 어떤 것 사이에 관련이나 연관성이 발생할 때 사태나 경우, 의미라는 것이 생겨난다. 우리는 "아무런 사이가 아니다"라든지 "각별한 사이"라는 말을 흔하게 쓴다. 사람과 사람 사이에, 사물과 사람 사이에, 사물과 또 다른 사물 사이에 아무런 관련이 생기지 않을 때, 다시 말해 사이가 성립되지 않을 때, 사이가 진정 사라질 때, 사이가 결국 무너질 때는 사태나 경우가 발생하지 않으므로 하나의 세계가 존재하지 않게 되는 것이다. 따라서 사람이 살아 있다는 것은 사람들 사이에 있다는 것이며, 죽

는다는 것은 단지 생물학적 죽음만이 아니라 더는 사람들 사이에 있지 않다는 뜻으로 이해해야 할 것이다.

또한 비트겐슈타인은 "이름은 대상을 지시한다. 대상은 그 지시체다"라고 말함으로써 세계와 언어의 최종적이고 근본적인 대응 관계를 확정했다. 다시 말해 언어의 본질적인 기능은 사태를 기술하거나 사태의 존재인 사실을 정확히 기술하는 것이다. 이것은 언어가 지시하는 대상이 그 언어의 의미를 결정한다고 보는 입장으로, 반대로 말하면 지시 대상(또는 지시체)이 없는 언어는 의미를 띠지 않게 되는 것이다. 비트겐슈타인이 보기에 이런 지시 대상이 명확한 것은 자연 과학의 명제들뿐이었다. 따라서 그는 "참인 명제의 총체는 자연 과학의 총체"라는 결론을 내렸다.

새벽에 보는 별과 저녁에 보는 별은 어떻게 다를까

이러한 비트겐슈타인의 결론은 다소 과격하고 섣부르게 느껴진다. 그의 주장대로라면 언어는 (경험 가능한) 세계 속에 그 언어가 가리키는 것이 (최소한이라도) 있어야 하며, 그 언어의 의미는 그 사물 자체다. 그런데 세계의 그림이 되지 못하는 언어들은 어떻게 될까? 시골에 사는 노인에게 노트북이나 MP3를 보여주면서 '노트북'이나 'MP3'라고 그 이름을 말해준다고 해서, 노인에게 그것들의 의미가 충분히 밝혀졌다고 말할 수 있을까? 이름을 들음으로써 지칭 대상을 알 수는 있지만 그 의미를 정확히 알 수는 없다.

프레게

또한 모든 언어가 단순한 대상을 갖거나 경험적 지칭 사물을 가지는 것은 아니라는 원론적인 반론도 가능하다. 그리고 지칭 대상

이 같지만 그 이름이 다름으로써 의미가 달라지는 예도 허다하다. 프레게Friedrich Ludwig Gottlob Frege 같은 철학자들의 지적처럼, '샛별morning star'과 '개밥바라기evening star'는 둘 다 금성이라는 동일한 지시 대상을 가지지만 그 의미는 완전히 다르다. 접속사나 조사는 어떨까? '그리고', '또는', '~은/는', '~에' 등은 지칭 대상이 없는 말들이다.

정리하자면 전기 비트겐슈타인 철학은 언어가 그 화자에게 대상을 가리키고 떠올리게 하는, 즉 표상시키는 기호로 간주했다. 하지만 대상을 직접 가리키지도 떠올리게 하지도 않는 언어 기호들도 많다. 약속이나 합의 또는 명령에 따라 의미가 결정되는 언어들의

프레게(1848~1925)는 아리스토텔레스 이후 가장 독창적이고 혁신적인 논리학자로 평가받는 철학자다. 독일 비스마르에서 태어나 예나 대학에서 공부했으며 괴팅겐 대학에서 수학 학위를 받았다. 그 뒤 예나 대학에서 수학을 가르치며 수학의 본성, 그것과 관련된 논리학, 의미, 진리 등에 대한 철학적 문제들을 연구했다. 수학 철학과 논리학뿐만 아니라 언어 철학에서도 프레게는 중요한 공헌을 했는데, 의미와 지시 대상에 대한 그의 구분은 지금도 언어 철학에 남아 있다. 생전에는 제대로 인정받지 못하다가 세상을 떠난 뒤 러셀과 비트겐슈타인에 의해 주목받기 시작했다.

부분들이 분명히 존재하는 것이다. 따라서 언어는 대상과 세계에 의존적으로 언제나 일대일 대응해야 하며 의미 또한 그렇게 밝혀지므로, 비트겐슈타인의 입장은 언어가 세계를 그리는 상형 문자일 뿐이라는 설명으로 들린다. 실재를 최대한 닮아야 하는 것이 그런 성격을 가진 언어의 운명일 것이다. 이런 점에서 비트겐슈타인에게 언어의 경계는 세계의 경계였다. 이 이론을 계속 발전시키면 '언어—세계' 의 블록으로 정교하게 짜인 구조물을 발견하게 될 듯하지만, 지금까지 살펴보았듯 그의 이론에는 분명히 허점이 있다. 하지만 이에 대한 의구심은 후기 비트겐슈타인 철학에서 해결할 수 있다.

언어는 게임이다—후기 비트겐슈타인

비트겐슈타인 생전에 출간된 책은《논리-철학 논고》가 유일하며, 나머지 저작들은 모두 사후에 출간되었다. 그의 사후 저작 중 1953년에 나온《철학적 탐구*Philodophische Untersuchungen*》는 비트겐슈타인의 후기 사상을 담고 있는 대표작이다. 이 책에는 전기 사상에 비해 분명히 달라진 내용과 입장이 등장한다. 다시 말해 자연 과학의 총체만이 의미 있는 명제의 총체라고 한《논리-철학 논고》와 달리 언어는 고정된 지시 대상을 갖는 측면도 있지만 사용되는 구체적인 환경과 상황에 따라 동일한 언어가 전혀 다른 의미를 가질 수 있다는 입장을 보였다. 이는 비트겐슈타인 철학의 전기와 후기를 구분하고 둘 사이의 차이를 밝히는 좋은 기준이다. 예를 들어보자. '칼' 이라는 말은 부엌에서나 다른 곳에서 그 쓰임새와

사실 비트겐슈타인은《논리-철학 논고》에서 이미 언어의 본질이 세계에 대한 기술과 묘사에 있다는 자신의 이론의 명백한 한계를 언급했다. 이것은《논리-철학 논고》의 결말 "말할 수 없는 것에 관해서는 침묵해야 한다"라는 명제에서 확인할 수 있다.

관계없이 실제의 칼을 가리키면 의미 있는 말이 된다는 것이 전기 비트겐슈타인의 입장이었다.

그런데 후기에 와서는 동일한 대상인 칼을 가리키지만 요리하는 칼과 살인하는 칼은 그 의미가 명백히 다른 만큼, 칼이라는 말의 의미는 그 말의 쓰임새에 따라 달라진다고 한다. 언어의 의미는 그 언어가 가리키는 대상이나 사물의 존재 여부에 따라 결정되는 것이 아니라 그 언어가 사용되는 구체적인 맥락과 형식이 정한다는 것이다.

그래서 비트겐슈타인이 《철학적 탐구》에서 논하는 요지는 "언어에 본질적인 특징 같은 것은 없으며, 여러 가지 언어 사용과 용례에서 드러나는 것과 같은 가족 유사성family resemblance"이 있을 뿐이라는 것이었다. 즉 언어는 이제 그림이나 사진이 아니라——따라서 그 의미는 더 이상 대상 의존적이지 않을 것이다——일종의 게임(놀이)과 같다. 게임의 규칙이 아무리 엄격하더라도 모든 게임이 하나의 규칙으로 규정되지는 않으며, 다양한 언어 게임에서 규칙이 어떻게 해석되고 적용되느냐는 그 언어(게임) 사용자의 '삶의 형식'에 의존한다. 이렇게 언어가 변하지 않는 일정한 의미를 지닌다는 '언어적 본질주의'의 종언을 선언함에 따라 비트겐슈타인은 언어가 그것이 사용되는 상황, 즉 삶의 형식에 따라 달라진다는 입장을 취했다. 이런 입장에서 보면 언어의 의미를 안다는 것은 그것이 가리키는 대상을 아는 것이라기보다 "그 언어가 삶의 문맥 안에서 하는 역할"을 아는 것이다. '칼'이나 '벽돌'이라는 말은 그것이 가리키는 대상에 의존해서 의미가 드러나는 것이 아니

가족 유사성은 비트겐슈타인의 독특한 개념인데, 한 가족 구성원들이 하나의 유일한 특징이나 공통점으로 이해되기보다는 아버지와 아들은 '체구'가, 어머니와 아들은 '눈매'가, '기질'은 엄마와 딸이 유사성을 보이는 것과 같은 데서 생각해냈다. 언어가 대상 지칭(지시)적이라는 하나의 기준으로 평가되던 종래의 입장을 버리고, 상황과 맥락에 따라 여러 가지 기능과 역할을 한다는 점을 강조한 것이다. 예를 들어 '벽돌'이라는 단어나 이름은 공사 현장에서는 "벽돌 좀 줘"라든지 "벽돌 가지고 가" 등 벽돌로 사용자가 수행할 수 있는 행위나 작업을 가리킨다. 하지만 건축 자재 전시회에서 '벽돌'이라는 푯말이나 이름표는 실제 벽돌 자체를 가리킨다.

심심치 않게 제기되던 개고기 논쟁도 비트겐슈타인 이론과 접목해서 생각해볼 여지가 있을 것 같다. 개 또는 개고기의 의미가 삶의 형식이 서로 다른 한국과 프랑스에서 동일한 의미를 지니기가 어렵다면 그것을 둘러싼 논쟁은 좀 다르게 진행되어야 하지 않을까? 여기서 '개'라는 말은 동일하게 어떤 생명체를 가리키지만 각자의 삶의 형식에서 서로 다른 의미를 지니게 된다면 다른 삶의 형식을 올바르다거나 틀렸다고 말할 수 없는 것 아닐까?

라 그 말이 사용되는 상황과 그 속에서의 역할에 의존한다. 강도와 칼을 연결하면 살인이 떠오르지만 요리사와 칼을 연결하면 요리가 떠오르지 않는가? 이렇다면 언어뿐만 아니라 자연의 사물조차도 그것이 존재하는 문화와 사회에 따라 달라진다고 보는 것이 가능하다.

오리일까 토끼일까

그러한 삶의 형식의 문화적인 국면은 '오리-토끼 형상'에 관한 논의에서 확인할 수 있다. 비트겐슈타인은 보는 사람에 따라 오리로도 토끼로도 볼 수 있는 오리-토끼 그림을 형태 변환의 예로 논한다. 이를 통해 그는 어떤 현상을 지각하고 그것을 조직해서 보는 방식의 성질을 보여주려고 했다. 동일한 형상이라도 어떻게 보느냐에 따라 토끼의 머리로도 오리의 머리로도 보일 수 있다. 따라서 토끼-오리 그림을 보는 것은 그 형상이 망막에 나타난 사진을 보는 것, 즉 눈이 보는 것이 아니라 눈으로 사람이 보는 것이다. 본다는 행위는 시야에 놓인 하나의 사물이 아니라 사물들이 보이는 방식이라는 점에서 조직화를 포함한다. 실제가 어떤 것인가는 보는 방식, 더 정확히는 그 사물을 조직화하는 방식을 통해 드러난다. 즉 삶의 형식은 일정한 문화적 틀 안에서 만들어진 사물을 보고 판단하는 방식을 뜻한다.

이것이 바로 오리-토끼 그림 퍼즐이다. 이는 문화 상대주의와 일맥상통하는데, 언어와 사물의 의미가 서로 다른 삶의 상황, 즉 다양한 삶의 형식에 따라 다르게 해석될 수 있다는 결말 때문이다.

실제로 콰인은 이런 결말을 나름으로 밀고나가 "원초적 번역 불가능성"이라는 논제를 제시했다. 그는 전혀 접한 적 없는 외국어, 즉 그곳에서 살아보지 못했기에 삶의 형식이 달라 의사소통이 가능하지 않은 원주민 언어(원주민이 토끼가 달려가는 것을 보고 한 말인 'gavagai')를 예로 들었다. 그에 따르면 외부인은 이 색다른 말의 의미를 제대로 알 수 없다. 이는 삶의 형식이 다르기 때문에 언어 소통의 전제 조건이 충족되지 않아서다. 이러한 입장에서는 외국어를 익히고 그 언어로 소통하는 것이 궁극적으로는 불가능하다. 게다가 좀 더 과격화게 해석해보면 외국어는 물론이고 모국어 또한 습득할 수 없다는 결론에까지 이를 수 있다. 하지만 우리는

콰인(1908~2000)은 미국의 논리학자이자 철학자로, 초기에는 주로 철학의 기초가 되는 논리학의 전문적 측면을 강조했지만 후기에는 체계적인 언어학의 틀 안에서 철학의 일반 주제를 다루었다. 하버드 대학에서 강사와 교수로 있었으며, 저작으로는 《논리적 관점에서》, 《단어와 대상》, 《집합론과 그 논리》, 《논리 철학》, 《지시의 기초》 등이 있다.

모국어는 물론이고 외국어까지 익혀서 의사소통을 하고 있으며 이는 삶의 형식을 익히는 것이 언어 습득에 논리적으로만 선행하는 것이지 시간적으로도 선행하는 요소는 아니라는 점을 보여준다. 따라서 삶의 형식에 대한 습득과 익힘은 언어의 습득과 익힘과 동시에 일어날 수 있는 것이다.

2. 소쉬르—이 사람을 이해하지 못하고는 20세기 인문학을 논할 수 없다

소쉬르(1857~1913)는 스위스 제네바에서 태어난 언어학자로, 구조주의 언어 학파의 창시자로 알려져 있다. 라이프치히 대학 재학 시절 〈인도-유럽어 원시 모음 체계에 관한 논문〉을 발표해 당시 학계에서 어려움을 겪고 있던 주제, 즉 인도-유럽어의 모음 교체 중 a의 교체가 어떻게 일어나는지에 대한 문제를 해결하면서 유명해졌다. 사후 출간된 《일반 언어학 강의*Cours de linguistique générale*》는 소쉬르가 제네바 대학에서 행한 강의를 학생들의 노트와 그의 초고를 대조하면서 두 제자가 편찬한 것이다. 그는 이 책에서 언어를 추상적인 차원의 말인 랑그langue와 개인이 사용할 때 발음되는 구체적인 차원의 말인 파롤parole로 나누고 랑그를 언어 대상으로 삼았는데, 이는 언어학뿐만 아니라 20세기 인문학 전반에 큰 영향을 주었다.

소쉬르

서양 현대 철학사에서 언어학, 그것도 유럽 현대 언어학의 창시

자인 소쉬르를 다루는 데 다소 의구심을 느끼는 사람들도 있을 것이다. 하지만 언어의 본질과 의미를 반성하고 성찰하는 작업은 철학자들의 전유물이 아니다. 그 점은 소쉬르가 펼친 이론의 화두를 살펴보면 더욱 확실해진다. 비트겐슈타인이 언어와 세계의 관련성을 되살렸다면, 소쉬르는 언어를 세계와의 관계에서 보는 것이 아니라 언어 자체를 내재적으로, 즉 내부적 관점과 전망으로 바라본 최초의 인물이다. 이 작업을 위해 소쉬르는 언어 내부에 있는 언어 현상의 고유한 규칙과 법칙을 탐구 대상으로 삼았으며, 의미의 문제도 언어 내부적으로 해결하려 했다. 단적으로 말해 소쉬르는 언어 사용자인 인간이 그 언어의 의미를 부여한다든지, 그 언어가 가리키는 지칭 대상이 그 언어의 의미를 부여한다든지 하는 생각에

20세기 언어학의 또 다른 거장인 촘스키Avram Noam Chomsky(1928~)의 변형 생성 문법도 언어를 사유하는 또 다른 길로 거론되어야 마땅하다. 전기 비트겐슈타인은 언어의 보편적인 논리 구조가 실제 세계의 논리 구조에 의존한다고 주장한 반면, 촘스키는 그것을 인간 마음의 선천적인(본유의) 규칙들에서 찾고자 했다. 철학사적으로 보아 데카르트나 라이프니츠, 칸트 같은 합리론 계열의 철학자들은 인간의 마음을 이미 나름의 결을 가지고 있는 '대리석 판'으로 보고 인간이 내부에 본유적으로 가능한 개념 형식들을 가진다고 생각했다. 이 노선을 따른 촘스키의 주장을 상징하는 '본유적'이라는 표현은 20세기 미국 언어학의 새로운 연구 프로그램을 알리는 새로운 장을 열었다.

반대했다. 그렇다면 그는 언어의 의미를 어떻게 규정했을까?

언어 기호는 사물과 따로 논다—자의성

왜 우리는 많은 시간과 노력, 게다가 돈까지 들여가며 외국어를 배울까? 취직, 승진, 유학, 개인적인 욕심 등 이유는 많겠지만, 언어학의 논리로 보자면 그것은 인류가 하나의 동일한 언어 기호 체계를 가지고 있지 않기 때문이다. 실물인 사과를 한국어로는 '사과'라고 읽고 쓰면 되지만 영어에서는 'apple', 불어에서는 'pomme'라고 읽고 써야만 한다. 그런데 단어는 문장을 끌어들이고 문장은 텍스트를, 텍스트는 자신이 생산된 문화와 세계를 전제한다. 따라서 외국어를 배운다는 것은 단어 하나를 이해하는 선에서 머무는 작업이 아니다. 그렇다면 왜 동일한 지칭 대상을 두고 그토록 다른 언어 기호가 결합되어 있을까?

주지하다시피 모든 언어가 어떤 의미를 전달하기 위해 한 가지의 언어 기호(말소리와 글자)를 사용하는 것은 아니다. 물론 바벨Babel 이전의 언어에서는 인류에게 하나의 보편적 언어 기호와 의미 체계가 존재했을지도 모르나, 이런 바벨적인 사유는 오히려 신화적 수준의 사유로서 보편적 소통체계를 갈망하는 염원의 한 표현이라고 보는 것이 옳다.

곰이라는 단어를 보자. 영어에서는 bear, 불어에서는 ours라고 한다. 이때 동일한 대상인 곰을 두고 어떤 언어권의 언어 기호는 bear이어야 하고, 다른 곳에서는 ours로 결정되는가? 한편 앞서 배운 러셀과 비트겐슈타인은 오히려 단어나 언어 기호의 토대와 근거는 이미 자연과 대상 세계 속에 있다고 주장한다. 하지만 과연 그럴까?

문화권이나 언어권마다 실제로 존재하는 동물인 곰의 의미는 같다. 그러나 이것이 서로 다른 언어 기호를 통하여 다르게 지칭되는 현상을 두고 '자연적 사물에는 언어의 의미 기반이 존재하지 않는다'고 보는 이들도 있었다. 이것이 바로 소쉬르가 《일반 언어학 강

의》에서 언어 기호와 사물 간에 존재한다고 말한 자의성이다. 이는 결국 언어와 문화권마다 사물을 지칭하는 언어 기호의 체계가 관습에 따라 정해지기 때문에 협약설이라고 말하기도 한다. 이는 둘의 관계가 사회적 약속에 따라 임의적으로 이루어진다는 뜻이다. 협약(脅約)이라고 해서 아테네 민주 정치에서처럼 광장에 모여 이 사물과 그 의미에는 이런 언어 기호를 사용하자고 투표하거나 토론한다는 것이 아니라, 좀 더 느슨한 의미의 관습이나 약속으로 이해하면 된다. 하지만 문제는 이것으로 끝나지 않는다. 동일한 사물을 두고 관습에 따라 전혀 다른 이름들이 존재한다면, 그 언어 기호의 의미는 어떻게 정해지는 것일까?

소쉬르에 따르면 언어 기호는 말소리와 글자로 이루어지는데, 둘 다를 가리켜 시니피앙signifiant 또는 기표(記標)라고 하고 그 언어 기호의 의미는 시니피에signifié 또는 기의(記意)라고 한다. 이는 유럽 철학이나 현대 프랑스 철학을 이해하는 데 필수적인 개념이다. 시니피앙은 '언어(적) 표현'으로, 시니피에는 그 표현의 '언어(적) 의미(뜻)' 정도로 파악할 수 있다. 예를 들어 '나무'의 시니피에, 즉 뜻을 전달하기 위해 한자 문화권에서는 木, 영어권에서는 tree, 불어권에서는 arbre라는 서로 다른 문자와 소리, 즉 시니피앙을 가진다.

언어 기호의 의미는 어떻게 결정될까—(음성) 요소들의 관계

언어 기호가 자연적 사물과 필연적인 관계가 아님이 드러나자 소쉬르 같은 언어학자들은 그 언어 기호의 의미가 언어 외재적인 실재, 즉 (자연의) 사물과는 관계없이 언어 내재적인 구조와 법칙에 따라 정해진다고 믿기 시작했다. 이는 자연스러운 논리적 추론이다. 자연의 사물은 사과, 바다, 구름 등으로 각각 한 종류인데 이를 부르는 언어들이 다양하다면, 그 기호의 운명과 의미를 결정짓는 데는 그 사물이 아니라 다른 무언가가 작용하는 것이라고 생각하는 것이 당연하다.

논리 실증주의나 초기 비트겐슈타인에 따르면 언어의 의미는 실제 세계의 검증 가능한 그 무엇이 결정한다. 그런데 자연 언어들의 상이함을 넘어 언어의 본질을 탐구하는 철학자들에게는 실물 자체에 언어 의미의 준거점을 마련하는 것이 자연스러울지 모르나, 언어학자들은 자연 언어들의 다양성을 존중하고 언어 기호들 자체의 체계의 중요성과 언어학적 분절성에 의존해서, 의미를 구성하게 하는 절차나 법칙을 탐구하는 쪽으로 가게 마련이다.

그런 언어학자들에게 의미란 언어 기호 사용자들이나 집단이 외부에 부여할 수 있는 정신적이거나 사회적 또는 물리적인 실체가 아니다. 물론 그들도 그 언어 기호가 심리적이거나 담화적인 상황 속에서 실현된다는 것을 모르지 않았겠지만, 구체적인 언어 기호 사용의 측면들은 비본질적인 것으로 취급했다. 마침내 소쉬르를 선두로 많은 구조주의 언어학자들은 '언어 기호의 의미가 언어 체계의 내부에서 결정' 지어진다는 주장을 펼치게 되었다. 곰과 검이

프랑스 언어학자 마르티네André Martinet가 내놓은 개념으로, 모든 언어는 1차 분절과 2차 분절로 나뉘어 분절된다는 주장이다. "나는 학교에 간다"라는 문장은 좀 더 쉽게 변별되는 단어들(나, 학교, 간다)보다 더 작은 단위(형태소)로 1차 분절(나, 는, 학…)되어야 하고, 그 다음에 소리를 구성하는 음소 단위(나=ㄴ+ㅏ, 는=ㄴ+ㅡ+ㄴ…)로 2차 분절될 수 있어야 언어로 규정된다는 것이다. 달리 말하면 소수의 자음과 모음 체계인 음소들을 결합해서 수많은 형태소나 단어를 만들고 나아가 한없는 문장을 만들 수 있다는 것이다. 또한 외부 세계를 단어나 개념으로 끊어서 표현할 때도 언어는 연속적인 세계를 불연속적인 것으로 분절해서 표현한다. 무지개는 색의 경계가 모호한데도 우리는 그것을 일곱 가지 색으로 분절하지 않는가.

라는 단어는 언어적 기호 외부에 있는 자연적 사물들이 아니라, '곰' 이나 '검' 이라는 시니피에를 구성하는 언어학적 최소 단위, 즉 음소(音素)들의 내재적인 결합이나 의존 관계에 따라 시니피에가 규정된다는 것이다. 다시 말해 곰이라는 시니피에는 ㄱ+ㅗ+ㅁ이라는 한글 음소들 간의 결합으로, 검은 ㄱ+ㅓ+ㅁ이라는 음소로 결합되는데, 이때 이 시니피에들을 구성하는 음소들 가운데 서로 다른 요소가 확인된다. 바로 모음(ㅗ, ㅓ)의 차이인데, 이것을 소쉬르는 '변별적 대립' 이라고 불렀으며 이 차이가 곰과 검의 의미들, 즉 시니피에들과 그 차이들을 결정짓는다고 했다.

또 다른 예로 영어 'bad' 와 'bed' 라는 시니피앙들의 시니피에

들도 마찬가지다. 이 언어적 기호들을 서로 다르게 하는 모음들인 'a'와 'e'의 위치와 자리가, 각각 기호가 지시하는 사물적 사태와 무관하게 각 시니피앙들인 bad와 bed의 시니피에들을 결정짓는다는 것이다. 랑그의 여러 하위 종류들, 즉 음소, 형태소, 어휘소 등의 하나인 음소는 "어떤 외부적으로 고정된 물리적(사물적) 실체를 가지고 있는 것이 아니라, 다른 음소들과의 대립과 차이를 통해서만 정의"된다. 이와 동일한 방식으로 하나의 '의미'란 음소 체계에 내재하는 하나의 '차이'로 정의되는 것이다.

소쉬르 언어학의 철학적 의미

논의의 주제와 방향을 조금 넓혀보자. 우리 모두 자신의 내재적인 성격이나 인격성이 아니라, 내 삶의 환경을 이루는 타자들과의 관계에서 하나의 차이로만 나의 의미가 생긴다고 생각해보는 것이다. 어머니의 의미는 그 자체로 주어지는 것일까? 아니면 아버지나 자식들과의 관계 속에서 차이가 나는 하나의 지위나 입장을 가짐으로써 획득되는 것일까? 의식 차원에서 내가 한 행동은 내 무의식에서 나온 욕망과의 관계에서 살펴야만 제대로 된 의미를 밝혀낼 수 있지 않을까? 우리는 여기서 언어학의 사유가 언어에 대한 사유만으로 끝나지 않음을 확인할 수 있다. 언어에 대한 사유 방식을 사물과 인간에 대한 사유 방식으로 확장할 수 있다면, 그것이 철학적 사유의 가능성을 제공하는 것으로 보아야 할 것이다. 근대 세계의 철학적 탐구는 사물이나 사태의 본질을 사물 대상에 내재하거나 이를 바라보는 인간 주체성의 내면에 있다고 파악해왔다.

소쉬르의 구조주의 언어학은 언어에 대한 탈(脫)주관주의적이며 탈사물적인 관점을 확보했다는 의의가 있다. 그동안 많은 사람들이 언어라는 실재를 우리의 마음이 의도나 의지를 가지고 부여하는 정신적 속성을 지닌 것으로 파악하거나, 사물의 단순한 반영이나 표현으로 여겼다. 그러나 구조주의 언어학은 이런 환상에서 우리를 깨워 언어적 기호의 요소와 구조 들이 지닌 보이지 않는 차이의 법칙이 언어 활동을 가능케 한다는 것을 경험적으로 보여주었다. 그런데 이렇게 되면 언어가 자신의 내재적인 체계에 갇혀버린다. 따라서 우리는 소쉬르에게 이런 질문을 던질 수 있다. 언어는 자신을 넘어 바깥으로 나아가야 하는 것 아닐까? 사물들과 사태들이 이러저러하게 결합되고 분리되는 곳이 언어가 지향해야 할 곳 아닐까? 문학, 특히 시의 은유와 소설의 이야기는 어떤가? 모든 이야기는 가시적인 사물들을 넘어선 세계를 말하고 품고 있지만, 소쉬르가 말하는 언어 기호나 시니피앙은 1차적 차원의 가시적인 사물 관계나 실제 관계를 넘어서는 그 무엇을 제대로 말해주지 못하는 것은 아닐까? 모든 언어가 암묵적으로 가지고자 하는 상징적 성격이나 다의적 성격이 단순하게 시니피에나 자의성으로 파악될까?

다시 언어로 돌아오자. 우리가 한 단어의 의미라고 부르는 것은 그 단어 주위에 존재하면서 그 단어와 차이가 있는 모든 단어에 의해 구성된다는 것이 언어학의 기본 주장으로, 이것이 구조의 법칙이다. 이에 수긍하면 언어적 기호의 의미는 그 개인 사용자나 집단 사용자의 의도나 의미 부여와 무관하게, 언어적 기호와 체계를 이루는 내재적인 관계에 따라 정해진다는 말을 믿게 된다. 그래서인지 개인이 한 단어를 사용하면서 그 의미를 부여하거나 창출한다는 소박한 생각을 언어학은 더 이상 믿지 않는 것 같다. 그렇다면 정녕 의미는 구조로 환원되든지 혹은 구조의 효과에 지나지 않을까? 반드시 그렇지는 않을 것이다

3. 리쾨르—사라져가는 의미들에 대한 새로운 탐색

영국과 미국을 중심으로 전개된 언어 분석 철학의 핵심은 언어가 실재, 즉 실제로 존재하는 것과 관련성을 갖되 반드시 그 의미가 실재와의 검증 절차를 통해 획득되어야 한다는 것이었다. 그래서 18~19세기 근대 독일의 사변적이고 형이상학적인 이론들과 언어들에 반기를 든 것은 물론이고 다양한 신화적 · 종교적 발언과 진술에까지 적대적인 태도를 보였다. 전기 비트겐슈타인이 자연 과학의 명제들만이 유의미하다고 말한 것만 보아도 알 수 있다. 물론 말할 수 없는 영역과 삶의 신비한 지평에 대한 입장에서 전기와 후기 비트겐슈타인 사이에 일치하지 않는 면이 있기는 하다. 그러나 언어 분석 철학은 언어의 지평을 넓히기 위해 일상 언어들의 다양한 용례에서 언어의 유의미성을 확대해나갔다고 보는 것이 옳다.

리쾨르

소쉬르는 언어 기호의 자의성과 언어에 내재하는 고유한 언어학적 요소들을 엄격히 구별해냄으로써 언어를 인간의 사유를 담아내는 표현 수단으로만 간주하던 전통적인 시각을 극복함과 동시에,

언어를 사물과 마주 세움으로써 언어의 의미와 유용성을 획득하려는 실증주의적 태도와 거리를 두었다. 하지만 그는 언어 기호의 자의성을 표면적이거나 일차적인 의미 또는 시니피앙 차원에서는 분명히 드러냈지만, 언어 기호가 가지는 이중적 또는 다의적 차원, 다시 말해 그토록 오래되었음에도 창조적인 의미의 저장고라고 알려진 신화의 언어들, 꿈의 언어들, 시나 소설의 언어들에 대한 언어학적 조명과 그에 걸맞은 배려를 하지는 못했다.

그런 사정은 러셀이나 비트겐슈타인도 마찬가지라고 봐야 한다. 언어나 명제의 진릿값을 검증 가능성이나 반증 가능성에만 둔다면 구체적인 대상을 가리키는 것이 아닌 소설 언어들은 어떻게 자신만의 유의미성이나 소설적 진릿값을 담보할 수 있겠는가. 특히 압축적이면서도 상징적인 언어를 쓰는 시 분야에서는 사정이 더 어려울 것이다. 따라서 둘 또는 여러 가지 의미를 가지는 언어들을 해석하는 일이 중요한데, 그러한 모든 언어 기호들(텍스트, 종교나 시, 그리고 꿈의 상징, 인간 행위)을 연구하는 분야를 해석학이라 부른다. 해석학은 또한 해석될 수 있는 기호들의 집합체에 대한 해석을 지배하는 규칙들의 이론을 의미하기도 한다. 특히 언어 의미의 검증이나 언어 기호의 자의성과는 다른 방향과 관점에서 언어의 풍부한 의미 층위들이나 결을 드러내고자 한 철학자가 바로 리쾨르(1913~2005)다. 그는 의미가 읽히고 드러날 수 있는 다양한 언어 형태들, 즉 책으로 부르는 것뿐만 아니라 상징, 은유, 신화, 이야기 등에 관심을 가지고 작업을 진행했다.

많은 이들이 하나의 이론이 어떤 조건에서 '과학적'이게 되는지를 고민했는데, 영국의 철학자 포퍼 Karl Popper 같은 이는 언어나 명제가 실재와의 관계에서 검증된다는 것만으로는 '과학적' 이론의 지위를 얻기 어렵다고 보았다. 그는 하나의 이론이 과학적 지위를 획득하려면 검증 가능성보다는 오히려 반증(反證) 가능성이 있어야 한다고 보았다. 다시 말해 하나의 이론을 부정하고 반박하고 반증할 수 있는 실험을 견뎌냈을 때 과학적일 수 있다는 것이다. 포퍼는 왜 그런 주장을 펼쳤을까? 자연이 결코 절대적이고 결정적인 방식으로 '그렇다'라고 긍정하지 않기 때문은 아닐까?

해석학hermeneutics의 대표 학자들로는 슐라이어마허, 딜타이, 하이데거, 가다머, 리쾨르 등이 있다. 어원은 그리스 신화의 헤르메스hermes에서 나왔다. 그리스 신화에서 헤르메스는 인간의 이해를 넘어서는 것을 인간이 이해할 수 있게 돕는 신이다.

리쾨르는 텍스트를 해석하는 데 있어서 '더 많이 설명할수록 더 잘 이해할 수 있다'는 원칙을 제시하여 뛰어난 해석학자로 자리 잡은 철학자로 상징 및 은유, 텍스트, 인간 그리고 역사에 대한 해석학적 저작으로 유명하다. 《악의 상징》, 《시간과 이야기 1, 2, 3》, 《해석에 관하여》, 《타자로서 자기 자신》 등을 썼다.

언어의 두 가지 혹은 여러 가지 의미—상징 언어

리쾨르는 소쉬르와 그 이후에 전개된 유럽 언어학을 나름의 철학적 관점에서 수정하고 보완해가며 '언어—의미—실재(세계)'라는 철학적 문제 틀을 심화한 해석학자다.

언어에 대해 그가 제기하는 질문들은 다음과 같다. 실험적인 수단과 절차로 검증하거나 반증할 수 있는 명제들 또는 언어 구성물을 지향하지 않는 학문 분야가 있을 수 있지 않을까? 다시 말해 둘 또는 여러 의미들로 중첩된 지평들을 풀어내고 길러내는 해석학적 작업들은 검증이나 반증의 언어가 아니라 의미의 언어를 지향하는 것 아닐까? 사실 이 의미 언어들은 비트겐슈타인이나 소쉬르가 다

상징symbol의 어원은 sym(함께)+ballein(던지다)로, 다음 일화로 설명된다. 갑자기 전쟁이 나자 가족들이나 연인들은 나중에 다시 만날 때를 대비해 독특한 무늬가 새겨진 돌이나 그릇을 쪼개 지니고 다녔다. 어느 날 뜻하지 않은 곳에서 만난 그들은 그 조각들을 던져서 서로 맞추어보며 서로가 하나임을 확인했다. 이것은 불완전한 조각이 다른 조각을 쉼 없이 가리키고 지향하는 운동을 뜻한다. 즉 자신만의 유한한 충족성에 만족하지 않고 제2의 것을 지향하는 것을 상징이라 부를 수 있다.

루지 않은 영역 아닌가. 명백한 의미를 가진 언어 표현들과 기호들이 존재하는 것은 틀림없지만 바로 그 명백한 1차적 의미를 통해, 또한 바로 그 분명한 의미 안에, 보다 불투명하지만 인간 이해에 깊은 통찰을 주는 제2의 상징적 의미들이 거주하는 것은 아닐까? 예를 들어 어떤 여자가 자기 언니의 둘째딸이 죽는 꿈을 꾸었는데, 이상하게도 조카의 죽음 앞에서도 전혀 슬프지 않고 오히려 기뻤다고 해보자. 정신 분석가나 해석학자는 '둘째 아이'와 '죽음', 그리고 슬픔이 아닌 '기쁨' 등의 언어가 지닌 상징적 의미 모두를 찾아 나설 것이다.

흔히 비둘기는 '평화'의 상징이고 십자가는 '고난'의 상징이라고 하며, 회화나 조각 작품 등에서 숱한 상징들을 찾아낸다. 구체적인 사물이나 회화 이미지로 지칭되는 상징도 있고, 윤동주의 〈서시〉에 나오는 "하늘을 우러러"에서 '하늘'처럼 사물 차원을 넘어 언어 차원이 된 시적 상징어도 있다. 이뿐만 아니라 단군 신화에 등장하는 '곰', '마늘', '동굴'도 모두 상징 언어로 볼 수 있으며, 《성서》의 창세기에 나오는 '아담'과 '이브', 그들을 유혹한 '뱀' 등도 마찬가지다. 물론 이 상징들 가운데는 지나치게 오래되고 일상적이어서 그 의미가 전혀 새롭지 않은 것들도 있고, 기존의 의미를 넘어서는 새로운 의미들에 대한 강렬한 추구와 자극을 내포하는 상징들도 있다. 여기서는 우선 개별적인 상징들의 의미

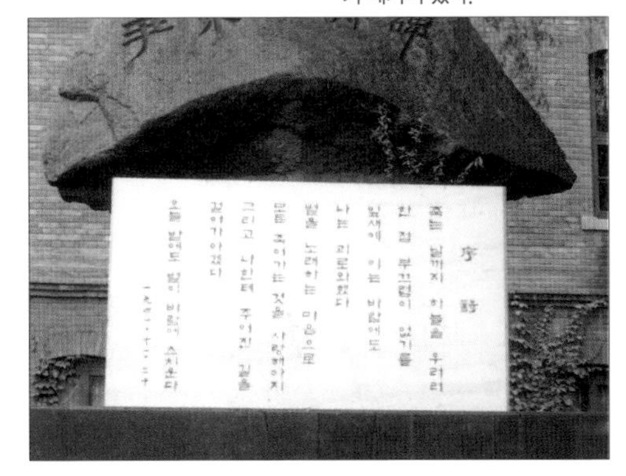

중국 연변 역사박물관 앞뜰에 세워진 윤동주의 시비. 〈서시〉가 새겨져 있다.

적 다양성은 접어두고 흔히 상징이라고 일컫는 것의 개념과 그것이 나타나는 영역들을 주목해보자.

어떤 대상에 대해 사람들이 흔히 말하는 바를 넘어선 의미나 기능이 나타날 때, 우리는 그러한 활동을 '상징적' 이라고 한다. 리쾨르는 상징을 이미지적 상징이나 사물적 상징으로 제한하지 않고 신화나 종교적인 고백들, 소설이나 시 그리고 정신 분석의 대상이 되는 꿈의 언어들 등에 등장하는 언어적 상징으로 확장했다. 그는 상징을 일종의 언어 기호라고 보았는데, 기본적으로 일차적이고 문자적이며 명백한 의미나 뜻을 가진 언어다. 그것이 일차적 의미 안에 있던 이차적 의미를 띠게 될 때, 또는 일차적 의미를 통해 이차적 의미가 관련될 때, 그 언어 기호는 상징이 된다는 것이다.

리쾨르는 상징이 세 가지 영역에서 나온다고 보았다. 그 영역들이란 종교적 삶과 체험의 영역, 정신 분석적 체험의 영역, 시적 상상력의 영역이다. 이것은 어떻게 보면 가장 풍부한 출현 영역들의 순서다. 먼저 종교적 삶과 체험의 영역을 보자. 고대 초기 인류를 비롯해서 모든 종교인이 행한 제의나 의식에는 다양한 물리적 행위들과 그에 대한 언급이 나온다. 즉 불사르고, 씻어내고, 추방하고, 자르고, 땅에 묻는 등의 행위는 종교적 고백 언어들 속에서나 신화 속에서 그 의미에 대한 해명을 요구하는 상징적 행위들이자 상징적 언어들이다. 《구약성서》의 〈신명기〉 10장 4절과 16절에 등장하는 할례만 보아도 그렇고, 세례도 그렇다. 노아의 홍수 이야기에서 세상을 멸망시키고 다시 구하는 것이 왜 하필 물일까? 여기서 물은 마시고 씻는 물 이상의 뜻을 지니며, 이때 그 '물'은 상징이 된다. 마찬가지로 신화에 나오는 자연적 존재자들, 예를 들어 하늘, 땅, 나무 등도 모두 상징으로 파악되어야 할 것이다.

다음으로 정신 분석적 체험의 영역이 있다. 프로이트가 정신 분석 기법을 여러 문학작품과 미술작품에까지 확대하고는 있지만, 정신 분석에서 이중적 의미를 지닌 표현들인 상징이 출현하는 것은 주로 꿈과 꿈의 이야기 속에서다. 꿈, 더 정확히 말해서 꿈 이야기는 어째서 정신 분석의 대상이 되고 해석되어야 할까? 꿈 이야기는 앞뒤가 맞지 않고 일상적 단어가 등장하되 문맥을 연결하기가 힘들다. 따라서 새로운 의미 제시가 없는 한 도저히 이해하기 어려운 암호문처럼 보인다. 그것은 꿈의 언어들이 무의식의 힘과 의식의 검열 때문에 왜곡되어 나타나고 이중적인 의미를 지니기

미켈란젤로가 그린 노아의 홍수. 로마 시스티나 예배당의 천장화

때문이다. 정신 분석의 목적은 바로 그 왜곡을 밝혀내고 그 이중의 의미를 드러내는 것이다. 마찬가지로 해석은 꿈 이야기라는 텍스트가 지닌 이중 의미에 대한 이해이자 해명 작업이다.

세 번째 시적 상상력의 영역은 문학 전반으로 이해하면 된다. 이 영역은 위의 두 가지 영역의 상징들을 대거 활용하고 의존한다. 시인의 상상력은 눈앞에 보이지 않는 것을 마음속으로 그려내는 정도에 머물지 않는다. 언어 속에서 그리고 언어를 통해 새로운 존재를 만들어내는 능력이 바로 상상력의 본질일 텐데, 시인들은 새로운 의미를 부여함으로써 일상어에서 시어를 길어내고 이를 상징 언어가 되게 하는 탁월한 능력을 가졌다.

상징 언어를 진정으로 이해하게 될 때 우리에게는 과연 어떤 일이 일어날까? 윤동주가 '우러러본 하늘'이란 무엇일까? 그는 "한

점 부끄럼 없기를" 그 '하늘'을 보고 소망하지 않았던가. 이때 하늘은 그것을 바라보는 자의 부끄러움, 허물, 흉, 결점을 비추어주는 거울이 아닐까? 그리스도교에서 죄를 체험하고 느낀다고 할 때 'coram deo'라는 표현이 나오는데, 영어로 'before God'를 뜻한다. 이것은 신 앞에 서지 않는다면 부끄러움과 허물을 깨달을 수 없다는 뜻이다. 그리스도교도이건 아니건 간에 윤동주가 그러한 순결한 소망을 말할 수 있었던 것은 자연의 초월적 운행 질서와 법칙으로서의 '하늘'을 우러러보았기 때문이 아닐까. 그렇다면 "하늘이 무섭지 않느냐"는 말에서의 하늘은 윤동주가 우러러본 하늘과 다른 것일까? 만약 다르지 않다면 상징으로서의 '하늘'은 인간이 자신의 조건과 상황에 대한 인간학적·철학적 사유를 강제당하는 언어이고, 그러한 상징이 우리를 사유하게끔 한다고 말할 수 있을 것이다. 즉 우리는 상징 언어에 이름이 불리고 멈춰 세워지는 인간인 것이다.

리쾨르가 주장하듯 상징이 그렇게 의미가 풍부한 언어 기호라면 그 숨겨진 의미는 우리가 그 의미를 읽어내도록 우리를 사유의 차원에서 적극적으로 자극하고 동요하는 운동을 만들어낼지도 모른다. 이렇게 우리를 사유하도록 자극하는 것은 상징 언어의 능력이라 할 수 있으며, '해석'이란 그렇게 자극받고 동요되어 그 중첩된 의미들의 주름을 펼쳐내는 작업이다. 즉 겉으로 드러난 의미에 포함돼 있되 숨겨진 의미의 여러 차원들과 지평들을 전개하는 작업이 해석인 것이다.

언어의 또 다른 요소—담화

언어 내부로 들어가 언어를 이루는 무의식적 요소와 구조를 발견하는 일은 언어학자들의 의무로서 이를 통해 그들은 학문적으로 큰 공헌을 할 수 있다. 늘 우리 곁에 있어서 주목받지 못하던 것들에 빛을 던져줌으로써 우리 자신과 그 주변을 한층 깊이 이해하게 해주는 일이야말로 철학함의 경이로움이자 진리를 좇는 자들의 훌륭한 덕목인 것이다. 그러나 때로 더 중요한 문제는 발견함 자체보다는 그렇게 드러난 언어의 모습이 실제로 사용되는 언어와 언어 체험을 얼마나 담아내고 있느냐에 있다. 그렇지 않다면 언어학의 랑그들은 일종의 학문적 구성물에 머물게 될 것이다. 그런데 언어에 대한, 특히 자연 언어에 대한 우리의 근본적인 체험이란 무엇일까? 그것은 내가 누구와 함께 어떤 것에 대해서 이야기를 나누거나 전하거나 듣고, 더 나아가 옮겨 적기까지 하는 것을 말한다. 언어에 대한 이런 근본적인 체험을 인정한다면 우리는 언어에 대해 새로운 시각으로 말할 수 있을 것이다.

첫째, 언어는 한 사람이 사용하고 그를 통해 소리가 되어 들리지만 그 개인의 언어는 아니다. 다시 말해 개인을 위한, 개인의, 개인에 의한 언어는 존재하지 않는다. 창의적이고 천재적인 작가들이 발명에 가까운 개념이나 단어를 만들어낼 수는 있겠지만, 책이나 글로 발표되거나 아니면 언론을 통해서 회자됨으로써 언어는 언어다워진다.

둘째, 언어는 그 무엇보다도 탁월하게 '……에 대해' 말하고 기록한다. 철학의 용어를 빌리면 언어는 탁월하게 지향적이다. 그 어떤 것에 대해 말하지 않고 기록하지 않는 언어란 없다고 해도 지나치지 않다. 물론 언어가 도대체 무엇에 대해 말하느냐를 두고서는 입장과 태도에 따라 차이가 있다. 비트겐슈타인은 언어와 실재에 대해, 소쉬르는 언어 기호의 자의성에 대해, 리쾨르는 상징 언어의 의미심장함에 대해 말하려 했던 것이 아닐까?

셋째, '어떤 것에 대해 그것이 어떠함'을 전한다고 할 때 이 '어떠함'을 우리는 '말하는 자의 의도' 또는 '말하고자 하는 바'라고 규정할 수 있다. 말하는 자 또는 기록하는 자의 시공간적 현재성 여부에 따라 그 메시지에 대한 진위나 의도가 달라지는 것이다. 그럼에도 제대로 전달되고 표현되고 심지어는 해석되었는지 의문과

문제의 대상이 될 수 있겠지만 이런 말하는 자의 의도가 없는 경우는 없다. 메시지가 말이나 기록 안에 명료하게 드러나 있지 않다고 해서 문제될 것은 없다. 오히려 이런 상황은 해석 활동을 자극하고 촉진하는 요인이 된다.

이러한 점에 입각해 리쾨르는 언어의 중요한 구성 요소로 '담화' 개념을 내놓았는데, 이는 소쉬르의 구조 언어학에 대항하는 개념이다. 앞서 나온 상징 언어가 인간 조건의 보편성과 욕망의 이중성 등을 사유하게 자극하고 권장하는 언어라고 할 때, 리쾨르의 담화 개념에서는 어떤 인간학적 · 철학적 함의들을 이끌어낼 수 있을까? 인간의 언어 활동에서 음소나 형태소처럼 언어에 내재하는 추상적 · 공간적 · 구조적 요소들은 인간이 실제로 사용하는 언어의 구체적인 사례들과 얼마나 가까울까? 리쾨르가 보기에 가장 구체적이고 실제적인 차원에서의 언어는 '누군가가 또 다른 누군가에게 어떤 것에 대해 어떤 말을 하는' 문장이나 담화일 것이다. 앞서 제시한 상징어에 비해 추상적으로 느껴지겠지만, 담화는 소쉬르가 보고자 했던 언어의 요소들인 음소나 형태소, 어휘소에 비하면 일상 언어의 사용 현상을 훨씬 잘 보여준다. 소쉬르가 언어학적으로 탁월한 발견과 성과를 이루었지만 소쉬르의 연구만으로는 '누가 (또 다른 누구에게) 말하는지', '누가 무엇을 말하는지', '누가 무엇에 대해 무엇이라고 말하는지'의 물음들에 답할 수 없었다. 리쾨르는 실제 언어 현상에서 중요한 발화 주체들(또는 청자와 화자), 음운론에 환원되지 않는 의미들, 음소들의 구조적이고 폐쇄적인 결합 체계의 외부에 엄연히 존재하는 '그 무엇들', 다시 말해 지시 대상을 되살렸다. 바로 이 네 가지 요소의 발견과 재강조는 리쾨르가 소쉬르의 구조 언어학을 받아들이고 대면함으로써 얻은 성과라고 볼 수 있다.

언어의 가장 복잡한 요소—텍스트

눈치 빠른 독자라면 리쾨르가 언어학에서 말하는 언어 단위나 요소들보다 크고 가시적이며 독자적인 언어 단위들을 자기 나름으로 추적하며 철학적 작업을 펼쳤음을 알아차렸을 것이다. 이와 관련해서 리쾨르를 비트겐슈타인과 소쉬르와 비교해보면 흥미로운 점을 발견할 수 있다. 논리학의 경향을 강하게 지닌 비트겐슈타인이나 최소 단위의 랑그를 발견하려는 언어학자 소쉬르에게 언어는 기본적으로 요소 수준으로 축소 가능한 대상이자, 요소 분석으로 되돌릴 수 있는 대상들이다. 비트겐슈타인이 말한 '이름'이나 소쉬르가 말한 '음소' 등에는 그러한 지향성이 분명히 드러나 있다. 그런데 비트겐슈타인의 이론에서는 언어의 최소 단위인 '이름'이 세계의 최소 단위인 '대상'에 어울리게끔 구조화되어 있는 반면, 소쉬르의 최소 단위인 '음소'는 그 자체로 음소 외적이거나 언어 외적인 대상과 조응하도록 맞추어져 있지 않았다. 20세기 사유 전반에 '언어로의 전환'을 가져온 두 거장에게서 발견되는 차이를 어떻게 평가해야 할까? 이들의 생각에서 '부분은 전체를 구성하고 부분의 합이 전체'라는 다소 원자론적이고 기계론적인 사유의 분위기가 느껴지지 않는가? 소쉬르에 비하면 비트겐슈타인이 구체적인 실재와의 대면과 실증성을 잘 살렸다고 할 수 있지만 그것

고흐 그림의 배경이 된 오베르 쉬르 와즈의 교회(왼쪽)와 오베르 쉬르 와즈의 고흐의 하숙집(오른쪽). 현재는 박물관 겸 레스토랑으로 사용되고 있다.

조차 단순한 수준에 머물러 풍부하지 못한 것은 아닐까?

리쾨르는 이러한 축소 지향적 언어론과 단순한 실재에의 길을 따라가는 것이 아니라, 언어 요소의 확장과 다양한 실재에의 길을 걸었다고 할 수 있다. 언어는 세계를 단순화해버리기도 하지만 복수적이고 다양한 방식으로 품기도 한다. 프랑스 파리 근교에 있는 오베르 쉬르 와즈는 고흐Vincent van Gogh의 아틀리에 겸 하숙집이 있는 곳으로 유명하다. 그곳의 자연 풍광은 누가 보더라도 고흐의 작품들과 연관이 있음을 알 수 있을 만큼 강렬하고 자극적이다. 하지만 고흐의 작품에 등장하는 들판, 태양, 언덕, 교회, 푸른 하늘 등은 모두 실제 그곳에 있는 것들일까? 그렇기도 하고 아니기도 하다. 언어와 실재, 그리고 작품과 세계를 단순하게 연결해서 생각하면, 그곳에 가면 작품에 나오는 초원과 까마귀를 볼 수 있어야 마땅하다. 하지만 고흐 작품에 등장하는 초원, 골짜기, 교회는 그가 영원히 포착하고 싶어 하는 세계를 담아낸 것이지, 오베르 쉬르 와즈의 어느 한 곳을 그대로 보여주는 것은 아니다. 그렇다면 하나의 작품이, 하나의 텍스트가 자기만의 또 다른 차원의 실재와 세계의 싹을 속에 품고 있다고 말할 수 있지 않을까. 헝가리 태생의 미국 작가 산도르 마라이Sándor Márai는 그런 의미에서 고흐의 그림 세계를 두고 이렇게 이야기했을 것이다. "초록빛 초원, 푸른 하늘, 붉은 지붕은 화가의 눈이 세계를 응시한 찰나에 존재했을 뿐이다."

시각적 형상과 이미지로 구성된 그림의 세계가 즉물적이고 직접적으로 지시 가능한 세계를 넘어서는 또 다른 세계를 담고 있다면, 언어로 구성된, 더 정확히 말하자면 단어 차원의 상징, 문장 차원의 담론, 이것들의 복잡하고 치밀한 결합체인 텍스트는 어떨까? 상징 언어가 즉물적이고 직접적인 1차적인 의미를 넘어 2차적인 의미를 가지게 될 때 진정한 상징이 되듯이, 텍스트는 일상적으로 접촉 가능한 세계를 넘어 우리의 실존을 다르게 기획할 수 있고 새로운 존재 가능성을 제시하는 세계를 담을 때 진정한 텍스트가 된다. 플라톤의 세계, 더 정확히 말해 플라톤의 작품 세계가 바로 그런 것 아닐까. 비극적으로 생을 마감한 유대인 작가 벤야민Walter Benjamin은 언어가 가장 '위험'하다고 말했다. 벤야민이 말한 위험은 텍스트가 앞서 말한 그런 세계를 품게 될 때 발생하는 것일 것이다. 물론 여기서 위험은 곤란이나 장애의 부정적인 의미가 아니라 도전이나 생성의 긍정적인 의미로 받아들여야 한다.

텍스트text는 성서 주석학에서는 본문이나 복음서 혹은 성서로 옮기고 문헌학에서는 문헌 또는 원본으로 옮긴다. 문학이나 언어학에서는 작품 또는 그냥 텍스트로 쓴다. 이 말의 어원은 라틴어에서 '짜다'를 뜻하는 명사 'tramer' 또는 '서로 묶다'는 뜻의 동사 'texere'의 명사형인 'textus'(짜인 것 또는 묶여진 것)이다. 이렇듯 용어의 다양한 번역과 어원을 통해 알 수 있듯 텍스트는 글이나 문자로 서로 짜이고 묶여진 것, 다시 말해 글이나 문자로 쓰인 것을 의미한다.

리쾨르가 텍스트라는 가장 복잡한 언어 요소를 제시할 때 염두

발터 벤야민(1892~1940)은 독일의 문필가이자 미학자로, 부유한 유대인 가정에서 태어나 프라이부르크, 뮌헨, 베른에서 철학을 공부한 뒤 문학 비평가이자 번역가로 일했다. 뛰어나기는 하지만 관습에 위배되는 박사 학위 논문 〈독일 비극의 기원〉이 프랑크푸르트 대학에서 거절당하자 공부를 중단하고, 나치 정권이 들어서자 독일을 떠나 파리에서 문필가로 활동했다. 1940년에 프랑스가 독일에 점령당하자 스페인을 거쳐 미국으로 탈출하려고 남쪽으로 향했다. 그러나 프랑스와 스페인 국경 지대에 있는 작은 마을의 경찰서장에게서 자신이 게슈타포에게 넘겨질 것이라는 말을 전해 듣고 자살했다.

에 둔 것은 바로 언어와 실재, 텍스트와 세계라는 역동적이고 긴장된 관계였다. 앞서 말한 대로 담화로서의 언어는 항상 무엇에 대해 말하는 것으로서 언어 외재적 실재와 관계되어 있다. 그런데 구어적인 담화가 글쓰기나 문자로 고정, 즉 기록될 때 무슨 일이 생기는가? 이 물음은 텍스트 해석에 관한 논의의 중심으로 이어진다. 리쾨르가 텍스트를 "글쓰기(문자)에 의해 고착된 담화"라고 정의함에 따라 앞서의 물음은 우선 무엇이 글자나 문자 속에 그리고 그것을 통해 고정되고 붙들리는가의 문제로 귀결되었다. 결국 구어적 담화는 세계 속에서 일회적 사건의 특성을 띠지만, 글쓰기를 통해 고정되면 그 담화의 의미가 일회성에서 머무르지 않게 된다. 이 고정과 보존을 통해 담화의 의미는 그것의 생산자인 저자의 주관적 의도나 의미 부여에서 분리되며, 그렇게 글로 굳어진 담화, 즉 텍스트는 읽는 사람에게도 다른 의미를 띨 수 있게 된다. 이를 두고 리쾨르는 "텍스트의 의미론적 자율성"이라 했는데, 어떻게 보면 글쓰기는 (구어적) 담화의 피할 수 없는 운명인지도 모른다. 어떤 말이든 소리가 되어 나오는 순간, 일회적으로 굳어져 원래의 의미나 의도를 벗어난다. 그래서 쓰기와 읽기의 관계는 말하기와 대답하기의 관계와 다른 것이다. 다만 의미론적 자율성이라는 말이 보여주듯, 텍스트 해석은 저자의 의도에만 국한되지 말고 그것을 초월해야 하며, 텍스트의 세계가 저자의 세계를 넘어 '그것을 파열하는' 것에 도달해야 한다.

프랑스와 스페인 국경 포트부에 있는 벤야민의 무덤

이렇듯 구어가 문어로 변해감에 따라, 즉 구어적 담화

가 문어적 담화로 굳어짐에 따라 구어적 담화 수준에서 화자(말하는 주체)의 지위와 문어적 담화에서 저자의 그것은 같지 않게 되었다. 대화 상대자의 지위도 마찬가지인데, 텍스트 차원에서는 독자가 대화 상대자로서의 '너' 또는 그 텍스트 형성 당시의 독자에만 머물 수 없다. 오히려 '읽을 수 있는 누구나' 에게 텍스트의 의미와 세계는 열려 있다.

그런데 이러한 자율성은 저자와 (초기) 독자에게만 확보되는 것은 아니다. 리쾨르는 '언어 활동의 본질' 이 무엇을 무엇에 대해 말하는 것이라고 보았는데, 무엇에 대해 말하는 기능을 두고 '언어 활동의 영혼 자체' 라고 불렀다. 사실 언어가 사물이나 대상과 지시 관계를 갖는다는 주장 자체가 아주 특별한 것은 아니다. 구어적 담화 차원, 즉 대화적 상황 속에서 화자와 청자(또는 대화자)는 그들의 대화 속에서 공통의 지시 대상을 갖는다. 그 지시 대상들은 직접적으로 가시적인 사물들이자 구체적인 존재자들로, 리쾨르는 이를 '환경 세계' (주변 세계)라고 말하기도 했다. 구어적 담화에서 사용되는 '여기', '저기', '지금' 등의 지시어들을 통해 화자와 대화자는 보다 구체적인 실제 현실과의 끈을 확보하는데, 리쾨르는 이를 '일차적 지시 관계' 라 불렀다.

문어적 담화에서 이 구체적 사물과의 일차적 지시 관계는 텍스트 속에서 어떤 변화를 겪을까? 그 일차적 지시 관계는 텍스트 속에서 텍스트의 세계를 잉태하기 위해 사라지거나 버려진다. 물론 2차적 차원의 지시 관계를 드러내는 것이 텍스트 해석의 과제가 되는데, 예를 들어 《성경》 〈창세기〉 3장에 불쑥 등장하는 뱀 이야

기, 1장 1절에서 2장 4절까지 등장하는 혼돈과 창조의 이야기들은 모두 나름의 독자적인 세계를 지닌 텍스트다. 그런데 이들이 잉태하고 있다는 세계의 모습은 도대체 어떤 것일까?

"언어의 한계가 세계의 한계"라는 비트겐슈타인의 명제는 바꾸어보면 이렇게 말할 수 있을 것이다. 세계는 언어 의존적이며, 언어 상대적이다. 더 정확히 말해, 언어의 단위가 복잡해질수록 그것은 해석을 요구하는 중층적인 세계를 품게 된다. 특히 텍스트의 세계는 더 이상 덜 복합적인 언어가 지시하는 즉물적인 지시 총체로서의 세계가 아니다. 흔히 작가의 세계라고 말하는 것은 그의 작품에서 길어내야 할 세계일 것이다. 텍스트의 세계는 분명 하나의 세계지만 그것은 더 이상 사용 가능하고 조작 가능한 사물들의 총체로서의 세계가 아니다. 그렇다고 텍스트의 세계가 1차적인 지시 세계를 부인하는 것은 아니며, 다만 새로운 자리 배치와 구성을 가능케 함으로써 인간의 가장 고유한 존재 가능성들과 그것에 대한 이해가 제시되고 제안되는 지평을 여는 세계인 것이다. 혹자는 이 세계가 언어에 의해 구성된 세계에 불과한 것이 아니냐고 실망할 지도 모르지만, 철저하게 언어로 표현되고 그것에 담겨진 세계라는 점에서는 맞는 말이다. 반면 그 텍스트 세계가 다분히 혼란스럽고 지리멸렬한 삶과 일상에 전혀 다른 형태와 모습을 부여함으로써 비일상성과 유의미성을 일구어낸다면, 텍스트 세계는 인간 주체의 삶에 부단하게 관여하고 개입하는 실천적이며 실행적 세계다.

혼자 해보는 철학 1

1. 세계는 일어나는 일(경우)들의 총체다.

1.1 세계는 사태들의 총체이지 사물들의 총체가 아니다.

1.11 세계는 사태들에 따라 그리고 그것들이 모든 사태들이라는 점에 의해 규정된다.

1.12 사태들의 총체는 무엇이 일어나는지, 그리고 무엇이 일어나지 않는지를 모두 규정하기 때문이다.

1.13 논리적 공간 속의 사실들이 세계다.

1.2 세계는 사태들로 나뉜다.

1.21 하나의 일은 일어나거나 일어나지 않을 수 있으며, 나머지 모든 것은 동일하게 남아 있을 수 있다.

2. 일어나는 일, 즉 사태가 사실들을 구성한다.

2.01 사태는 대상(존재물, 사물)들의 결합이다.

—비트겐슈타인, 《논리-철학 논고》

비트겐슈타인은 언어의 본질을 탐구함으로써 언어와 세계, 언어 없는 사유의 한계, 언어의 가능성과 그 한계를 해명해 우리 삶에서 진정 중요한 것이 무엇인지를 드러내고자 했다. 우리는 세계를 이 세상에 존재하는 사물들의 총체나 총합으로 이해하기 쉬운데, 비트겐슈타인에 따르면 세계는 사태들로 구성되며 그 사태는 사물들 사이에서 어떤 일이 생길 때 발생한다. 심지어 인간(人間)이라는 말의 의미도 “사람 사이” 라는 뜻이다. 사태는 그럴 수도 있고 아직 아닐 수도 있는 세상의 모습을 가리키지만, 사실은 사태들이 모여 존재 여부를 가릴 수 있는 단계에 올라와 있는 것을 지칭한다.

위의 명제들을 읽고 사물과 사태/사실의 차이점을 생각해보고, 특히 1.1과 2.01에 유의하면서 왜 세계가 사물들의 총체가 아니라 사태들의 총체인지를 설명해보자.

혼자 해보는 철학 2

읽기(독서)가 작품을 통해 그 저자와 대화하는 것이라고 말하는 것으로는 충분하지 않다. 독자와 책의 관계는 전적으로 다른 성질의 것이라고 말해야만 한다. 대화란 물음과 대답의 교환 같은 것이지만, 작가와 독자 사이에는 이런 종류의 교환은 없다. 책은 오히려 쓰는 행위와 읽는 행위를 서로 소통하지 않는 두 측면으로 나누어버린다. 독자는 글쓰기가 이루어질 때 존재하지 않고, 작가는 독자가 읽을 때 존재하지 않는다. 텍스트는 이처럼 독자에 대한 은폐와 작가에 대한 은폐, 이런 이중적 은폐를 만들어낸다. 바로 이런 방식으로 텍스트는 한 사람의 목소리와 다른 사람의 귀를 직접적으로 맺어주는 대화의 관계를 대체하는 것이다……나는 종종 다음과 같이 말하고 싶어진다. 한 권의 책을 읽는 것은 바로 그 저자를 이미 죽은 것으로 간주하고 그 책을 그의 유작으로 고려하는 것이다. 사실 책과의 관계가 온전해지고, 어떻게 보면 손상되지 않게 될 때는 바로 저자가 죽었을 때이기 때문이다. 저자는 더 이상 대답하지 않으며, (그때는 오직) 그의 작품을 읽는 사람만 남게 된다.

—리쾨르, 《텍스트에서 행동으로*Du texte à l'action*》

우리는 책을 읽는다는 것을 흔히 독자와 작가 사이에 오가는 대화라고 규정한다. 하지만 독서는 지금 당장 양자 사이에 이루어지는 대화가 아니다. 게다가 책의 의미는 작가를 통해서만 온전하게 전달되는 것도 아니다. 독서는 오히려 책과 독자 사이에 일어나는 어떤 움직임이라고 보는 것이 더 정확하지 않을까. 영화를 보기 전에 감독이 자신의 의도를 밝히는 것이 영화 이해에 반드시 긍정적인 것은 아니다. 보거나 읽는 사람에 따라 영화나 책의 의미가 조금씩이라도 달라진다면 그것은 영화와 책의 의미가 저자나 제작자의 의미 부여를 통해서만 규정되지 않는다는 뜻일 것이다. 더구나 지은이가 없는 책이나 글들이 존재하는 상황에서 저자의 의도는 독서에 결정적이지 않을지도 모른다.
이런 맥락에서 책의 의미를 구성하고 결정짓는 요소들을 생각해보고, 어떤 책에 대해 다른 사람들과는 생각이나 느낌이 다르다면 왜 그런지 그 동기나 이유를 생각해보자.

현상과 실존 — 현상의 드러남에서 실존의 발견으로

언어에 대한 관심과 탐구가 현대 철학사의 시작을 의미하다는 것에 이의를 달 사람은 별로 없을 것이다. 하지만 언어가 현대 철학의 전부라고 말하는 것은 분명 과장된 것이다. 언어라는 주제가 현대 철학과 근대 철학의 차이를 보다 분명히 보여준다면 2장에서 보여줄 현상과 실존은 어느 정도 근대 철학의 유산을 이어받으면서도 이를 현대적으로 극복하고자 하는 모색을 보여주는 주제라고 볼 수도 있다. 이런 의미에서 후설(1859~1938), 하이데거(1889~1976), 사르트르(1905~1980)는 유럽 대륙의 중심에서 근대와 현대가 교차하면서 만들어낸 현상학과 실존주의를 대표하는 철학자로 말할 수 있을 것이다. 이들 중 가장 연배가 높은 후설은 헤겔 이후 독일 철학의 흐름 속에서 철학이 무엇을 할 수 있는가에 대해 심각하게 고민한 철학자다. 그는 유럽 문화의 위기는 당대의 과학이 제 기능을 하지 못한 때문이라 판단하고, '모든 것의 뿌리'이자

19세기 말과 20세기 초 서양은 급속한 산업화, 다양한 과학 분야(화학, 생물학, 의학, 물리학 등)의 발전과 관련 기술의 급성장으로 사상적, 정신적 지체 현상을 겪고 있었다.

'모든 것의 원리' 인 철학이 새로운 자기반성과 철저한 자기 개혁을 통해 그 위기를 극복할 수 있으리라고 믿었다. 19세기 말과 20세기 초의 전환기적 특징인 철학의 정체성 문제는 물론 후설만의 고민이 아니었다. 이미 러셀과 전기 비트겐슈타인은 논리학의 기초를 새롭게 세우고 변형함으로써 '확고한 학문' 의 길을 철학에서 찾고자 했다. 러셀과 비트겐슈타인의 방향은 전통 형이상학 담론들이 시대적 타당성을 잃어가고 있는 상황에서 새로운 자연 과학의 성과와 발전에 모순적이지 않으면서 이 지식들의 근거를 찾고 기초를 세우려는 쪽이었다. 반면 후설의 작업은 이와 조금 다른 방향으로 전개되었다.

후설은 철학이 당대의 경험 과학 및 자연 과학들과 함께 가는 것이 아니라, 다른 모든 인식의 원천들과 근거들에 비판적으로 이의를 제기하는 데서 출발점을 찾아야 한다고 생각했다. 즉 학문적으로 엄격하고 세밀하며 의심의 여지없는 인식과 그것을 획득하는 절차를 철학이 앞장서서 제공하고 구성해나가야 한다는 것이다. 그 존재를 아무 의심이나 회의 없이 받아들일 수 있는 실재란 무엇일까? 외부의 대상일까? 아니면 우리 의식과 그것에 나타나는 것, 즉 '현상(現象)하는 것' 일까? 왜 우리 정신이나 의식에 나타나는 것이 외부 존재보다 더 그 존재의 확실성이 있다고 주장되는가? 데카르트와 칸트의 인식론적 또는 존재론적 물음들에 친근한 독자라면 후설의 이런 물음들이 낯설지 않을 것이다. 앞으로 자세히 살펴보겠지만, 후설 현상학의 독창적인 기획들은 직접적으로는 칸트, 더 나아가서는 데카르트의 노선을 계승하고 있다. 방법적으로

르네 데카르트

과장된 의심을 신적 존재에까지 확장하며 모든 인식의 기초를 '순수' 사유로서의 의식을 체험하는 것 속에 세우려 한 인물이 데카르트 아니던가? 그리고 모든 인식의 가능 조건들을 감성의 형식들과 지성의 범주들로 삼고서 초월론적 주체 안에서 구성하려 한 인물이 칸트 아니던가? 하지만 모든 위대한 철학들처럼 후설에게도 비(非)데카르트적인, 비칸트적인 지평이 없는 것은 아니다. 다시 말해 철학은 전 시대를 계승하되 그것을 넘어서며 발전해왔고, 후설에게도 당연히 데카르트나 칸트의 철학을 넘어서는 지평이 존재했다.

후설의 제자 하이데거는 스승과는 조금 다른 길을 갔다. 이는 하이데거가 후설에게 바친 《존재와 시간*Sein und Zeit*》에 대한 후설의 비판에서도 확인할 수 있다. 후설은 하이데거가 자신의 현상학적 환원의 의미를 완전히 파악하지 못했다는 것과 자신의 순수 자아를 현존재로 대체하면서 모종의 심리적 인간학을 구상한다는 것, 그리고 제자의 현상학이 자신이 거듭 거부하던 자연적이고 소박한 태도에서 벗어나지 못해 자연주의적이거나 실재론적 혐의를 가진다고 말했다. 이것이 얼마나 타당한 해석인지에 대해서는 여러 논란이 있을 수 있지만, 확실한 것은 후설과 하이데거의 사이는 점점 학문적으로나 인간적으로 멀어지게 되었다는 것이다. 후설에게 그렇게 중요한 문제였던 '철학의 자기 정초', 즉 철학 스스로 자신의 기초를 세우는 것과 엄밀한 학문적 인식에 대해 나름의 방식으로 근거를 세우는 일이 하이데거에게는 더 이상 중요하지 않았다.

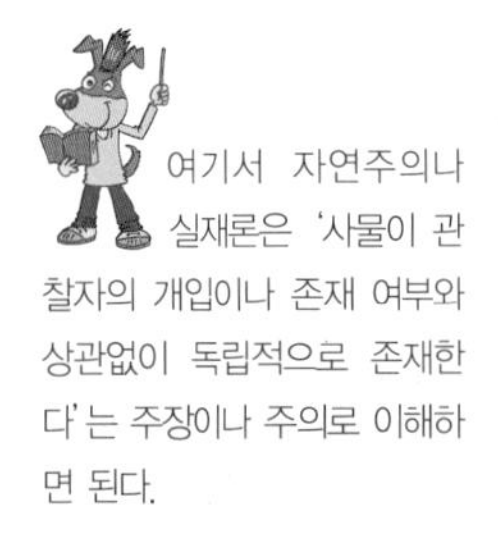
여기서 자연주의나 실재론은 '사물이 관찰자의 개입이나 존재 여부와 상관없이 독립적으로 존재한다'는 주장이나 주의로 이해하면 된다.

그럼에도 하이데거는 어떻게 '현상'을 탐구하는 공헌자로 남았

을까? 그는 스승과는 다른 질문들을 던짐으로써 자기만의 새로운 현상의 길을 걸어갔다고 볼 수 있다. 후설이 처음에 현상학의 표어로 내세운 '사태 자체로'는 하이데거에게 조금 다른 의미로 받아들여지고 수행되었다. 예를 들어 후설은 《데카르트적 성찰*Méditations cartèsiennes*》이라는 책에서도 알 수 있듯 데카르트 속에서 자신의 길을 확인하고 재발견해서 그것을 자기화한 반면 하이데거는 《존재와 시간》에서는 물론이거니와 《세계상의 시대*Die Zeit des Weltbildes*》에서 근대 철학의 아버지로 알려진 데카르트에 대해 줄곧 비판적이었다. 좀 더 단적인 예를 들어, 후설은 "모든 경이(驚異) 중의 경이는 순수 자아와 순수 의식이다"라고 말한 반면 하이데거는 "모든 현존하는 사물 가운데 오로지 인간만이……모든 경이 중의 경이, 즉 존재자가 존재함을 경험한다"라고 말했다. 플라톤에게 철학함은 세계에 대한 경이와 놀람에서 시작하는 것이었다. 이렇듯 두 사람은 서로 경이하는 것이 달랐고, 바로 여기서 그들의 철학은 방향을 달리했다고 할 수 있다. 라이프니츠에게 경이가 "왜 무(無)가 아니고 존재인가", 다시 말해 "왜 우리가 그리고 우주가 없지 않고 있는 것인가"였다면, 하이데거에게는 그러한 경이로운 있음을 체험하고 나름으로 이해하는 "바로 우리 자신인 현존재는 누구인가"가 경이로움의 시작이었다. 세계 안의 존재In-der-welt-Sein로 내던져진 우리 자신은 누구인가? 자신의 죽음을 결단을 통해 앞질러 체험하는 그런 현존재에게 과연 어떤 일이 생기는 것일까? 우리 자신은 주변 사물들에게, 주변의 타자들에게, 결국에는 그 자신에게 어떤 방식으로 존재하는 것일까?

많은 하이데거 연구가들은 하이데거가 나치 당원이었으며, 나치 집권 시절에 프라이부르크 대학 총장을 지냈으며, 유대인 친구들과 동료들에 대한 나치의 만행을 묵인했다는 혐의를 보내고 있다.

후설과 하이데거에 이어 이 장에서 다룰 철학자는 사르트르다. 그는 프랑스 현상학 세대의 첫 주자이기도 하지만 실존주의의 대표자로 더 잘 알려져 있다. 전후 1955년에 하이데거가 정치 사면과 복권의 분위기를 타고 강연 차 프랑스 파리를 방문했을 때, 몇몇 프랑스 철학자가 하이데거의 전력(前歷)을 문제 삼아 초대에 응하지 않았는데 사르트르와 현상학의 또 다른 거장 메를로 퐁티가 여기에 속한다. 레지스탕스로 활동하며 독립을 위해 싸운 사르트르는 시대의 상처와 아픔에 적극적인 참여로 일관한 철학자이자 지성인이라 할 수 있다.

지성인 또는 지식인을 흔히 인텔리(인텔리겐치아intelligentsia의 줄임말)라고 하는데, 자기 분야에서 전문가적 능력과 식견을 갖춘 것만으로는 이렇게 불리기에 부족하다. 사르트르는 그것이 필요조건일 뿐이며, 해당 분야가 아닌 다른 영역에서 사회적인 발언과 참여를 하는 사람이 지식인 또는 지성인으로 불릴 자격이 있음을 몸소 보여준 철학자였다.

사르트르가 인간의 자유에 얼마나 깊은 관심을 보였는가는 다음의 글에 단적으로 드러난다.

우리가 독일 점령하에서보다 더 자유로웠던 적은 일찍이 없었다……바로 자유의 문제가 제기되었고, 우리는 인간이 그 자신에 대해 가질 수 있는 가장 깊은 앎에 직면해 있었다……완전한 고독 속에서 이러한 완전한 책임감이 우리 자유의 드러남이 아닐까?(《상황 3*Situation III*》)

자유롭지 못한 상황 속에서 자유를 더욱 깊이 알게 되는 게 아닐까? 건강하지 못할 때 건강의 의미를 더 잘 깨닫는 것처럼 말이다. 하이데거가 현존재에게 이해된 존재하는 것들의 존재함과 그 의미를 해명하고자 했다면, 사르트르는 존재함의 무상성, 이유 없음, 결국에는 부조리함을 말하는 것이 중요하다고 보았다. 나아가 그는 사물의 존재함과 인간 실존의 존재함이 극명하게 다르다고 보고, 그런 차이에서 인간 실존의 두 양식인 대자(對自) 존재와 즉자(卽自) 존재의 다소 이원론적인 고유의 인간학을 내놓았다. 실존existence과 본질essence 사이의 구분과 "실존이 본질을 앞선다"는 유명한 명제는 사르트르 철학의 핵심을 정확하게 담아낸 것이라 할 수 있다.

이 개념들은 사르트르를 다루는 이 장의 뒷부분에서 비교적 상세하게 다루게 될 것이다.

1. 후설—새로운 토대와 출발점을 찾으려는 시도

현상학은 어떤 무엇인가가 나타났을 때, 그 나타난 바를 가장 엄밀하게 포착해 의심 없는 최종적 인식으로 삼는 것이 목표다. '현

후설

상' 이라고 하면 흔히 그것을 쳐다보는 관찰자와 무관하게 외부에 존재하며 관찰자가 주목하는 것에 상관없이, 다시 말해 즉자적으로 존재하는 것이라고 생각하기 쉽다. 하지만 후설이 말하는 현상학의 '현상' 은 그런 관점을 철저히 비판하고 배격한다. 현상은 그것을 그려내고 말하는 주관 또는 관찰자에 의존적으로, 독립된 것이 아니라는 이야기다. 철학 용어로 바꾸어 말하면, 하나의 대상은 그것과 이런 저런 관계 정립을 요구하는 의식과의 상관성 속에서만 비로소 대상으로 자리 잡는다는 것이다. 따라서 현상이 즉자적으로 외부에 존재하는 그 무엇이라는 소박한 자연주의적 관점이나 실재론적 관점은 처음부터 후설에게 비판의 대상이 되었다. 여기서 그가 얼마나 실증주의적 경향의 철학들과 거리가 멀며 데카르트와 칸트 이래의 근대 인식론적 패러다임을 철저하게 끝까지 밀고 나가려 했는지 대강 짐작할 수 있을 것이다. 나의 의식 속에서 나타나는 것이 현상으로, 이것을 최종적으로 의심할 수 없는 엄밀한 학문적 인식으로 받아들여야 한다는 것이 후설 현상학의 출발점이다. 후설은 이를 위해 몇 가지 중요한 학문적 절차와 단계, 개념, 그리고 이를 통해 발견한 새로운 세계를 기술하는 데 모든 힘을 기울였다. 이제부터 살펴볼 것은 환원과 본질 기술(記述), 지향성, 생활 세계 등이다.

이때 '나'는 한 개인이 아니라 초개인적이면서 보다 보편적인 '나'로 이해하면 된다.

의식으로 돌아가 나타나는 것의 본질을 기술하는 학문

후설은 엄밀한 학문으로서의 철학을 실현하기 위해 몇 가지 방법을 내놓았는데, 이는 환원reduktion, 판단 중지epoché, 괄호

침einklammerung 등으로 불린다. 후설은 사태를 객관적으로 인식할 수 있음을 부인한 적 없다는 점에서 회의주의와는 거리가 멀지만, 하나의 사물에 관한 일상적 판단을 뒤로 미루고 그 판단의 타당성을 일단 괄호 치기 해야 한다고 말했다. 이렇게 괄호를 친다고 해서 사물에 대한 진술의 진위를 주장할 수 없다는 뜻은 아니다. 다만 그렇게 일상적 판단을 멈추고 받아들이지 않음으로써 사물들의 우연적인 속성을 제거하고, 그 본질을 기술하고 파악할 수 있다는 것이 후설의 주장이다. 예를 들어 사과나 귤이 있는데, 사과의 본질이나 귤의 본질에 관심을 갖는 것이 철학이고 이를 밝혀내는 것이 철학자의 일이라고 가정해보자.

사과의 본질이나 귤의 본질은 무엇인가? 껍질을 벗기면 나오는 속살이 사과의 본질일까? 아니면 다 먹고 나면 나오는 몇 개의 씨? 귤의 본질은 주황색의 과육이나 과즙으로 된 달콤한 그 무엇일까? 성냥갑 속에 성냥개비가 들어 있듯이 사물의 본질이 들어 있는 걸까? 그렇다면 사과나 귤의 본질은 그것을 믹서에 갈아 잘게 분해함으로써 드러나게 될까? 부분의 합이 전체이고 전체는 부분으로 구성된다는 기계론적 입장이나 원자론적 사유에서는 작은 부분에 전체의 본질이 일부라도 실현되어 있다고 믿을 수 있다. 하지만 현상학에서는 눈앞에 있는 사과의 물리적 본성을 따지는 것이 아니라, 그 사과에 대한 우리 의식의 체험과 그 본질을 파고든다. 이때 환원이란 그 체험이 일어나고 체험의 본질이 밝혀지는 곳, 즉 본질 인식의 근원으로 되돌아간다는 의미다. 그렇다면 어떻게 그 근원으로 돌아갈 수 있을까?

이러한 환원을 후설은 형상적 환원과 선험적 환원의 두 단계로 구분했다. 이는 서로 다른 환원이라기보다는 현상의 본질을 찾아내는 단계에 따른 구분이라고 보면 된다.

형상적 환원은 경험적인 대상 세계가 존재한다는 사실을 자명한 것으로 받아들이는 태도를 거부하는 데서 시작한다. 즉 사물에 대한 인식을 비판적으로 검토하지 않고 그 존재를 자명한 것으로 여기는 일종의 존재 확신이나 '~가 있다'는 식의 존재 확언을 거부하는 것이다. 이는 '판단 중지'의 작업으로, 사물의 경험적인 현상에 대한 판단을 멈추고 괄호 속에 넣어 보류한다.

이런 뒤 사물에 관해 '자유로운 변경'이라는 일종의 사유 실험을 한다. 예를 들어 삼각형이라는 기하학적 도형의 본질을 알기 위해 우리는 실제로 칠판이나 종이에 삼각형을 그려놓고 그 형태를 임의로 바꿔 다양한 모습의 삼각형들을 상상해본다.

이런 변경과 변화를 끝내고 나면 전체의 모습들 가운데 변경된 것들과 그렇지 않은 것들을 분석적으로 나눌 수 있어야 한다. 삼각형의 크기와 형태 등은 무한하나 그 변의 수와 내각의 합은 변하지 않는 요소로 등장하는 것이다. 이렇듯 변하는 요소와 변하지 않는 요소를 분석해내고 정리해 기록하는 것이 바로 현상학적 의미의 '기술'이다.

선험적 환원은 형상적 환원을 통해 얻어진 본질을 다시 의식 속에 내재화하는 단계다. 형상적 환원의 형상이나 본질은 플라톤의 이데아나 형상eidos처럼 의식과 무관하게 외부에 초월적으로 실재하는 것으로 이해하기 쉽지만 현상학은 본질을 그렇게 파악하지 않는다. 본질은 의식 속에서 마땅히 진리임을 알 수 있게 그 존재 근거가 세워져야 한다는 것으로, 이러한 절차가 바로 선험적 환원이다.

의식이 내재화된 본질을 분명히 보는 것을 후설은 '범주적 직관'이라고 했는데, 이것은 선험적 환원의 핵심이다. 후설에게서 범주적 직관은 한 사물의 감각적이거나 감성적인 성질을 파악하는 감성적 직관과 달리, 사물의 개념적 속성과 성질을 개별적으로 파악함과 동시에 그 구별된 개념적 속성들이 하나의 통일된 대상을 구성하는 것도 파악하는 직관을 뜻한다. 앞에 나온 삼각형의 예를 다시 들어보자. 감성적 직관에서는 구체적이고 개별적인 삼각형들의 인상적인 측면들을 수용하는 반면, 범주적 직관에서는 세 각과 세 변, 내각의 합이 180도라는 개념적 성질들을 먼저 직관하고,

범주category라는 용어는 아리스토텔레스에게서 유래했다. 가장 넓은 범주는 사물의 개념을 분류하는 데 그 이상 일반화할 수 없는 가장 보편적이고 기본적인 최고의 개념 또는 유개념(類槪念)을 가리킨다. '존재'라는 범주가 그런데, 이 범주를 피해갈 존재자는 없다. 그 존재자를 그 무엇으로 말하거나 분류하건 그 존재자의 '있음'보다 더 근본적인 범주는 없기 때문이다. 그런데 범주라는 동일한 용어의 쓰임새는 철학자들마다 다르다. 낚시로 비유하면 범주는 일종의 그물이다. 크기와 종류가 제각각인 그물로 바다에서 고기를 잡는 어부들처럼, 철학자들도 범주의 종류와 크기에 따라 현실에서 다양한 개념과 의미를 건져 올린다.

동시에 세 내각의 이등분선이 만나는 점과 세 변의 이등분선이 만나는 점을 중심으로 하여 각각 내접원과 외접원을 그릴 수 있는 하나의 도형으로 파악한다는 것이다.

이렇듯 소박한 경험적 대상에 대한 괄호 치기로 시작하는 환원 작업은 무의식의 내면적 활동이 수동적이리라는 우려를 말끔히 씻어낸다. 이것은 외부에서 자연히 주어지는 사실이 아니라 의식이 구성해내는 현상들과 그 본질에 대한 새로운 이해의 지평을 열어 주는 것이라 할 수 있다.

의식은 지향성을 갖고 있으며, 현상의 구성에 기여한다

데카르트는 한때 사유 활동의 의미를 다양하게 주장했다. 정신, 이성 또는 오성(悟性)이라 불리기도 하는, '사유하는 것'이 이끄는 활동으로서의 사유함 또는 생각함이란 "의심하고 긍정하고 부정하고 원하고 원하지 않으며 또한 상상하고 느끼는 것"까지를 다 포괄한다는 것이다. 이렇게 의식 내부의 다양한 활동까지 파악하고 기술하려는 데카르트의 시도는 비록 그 자신에 의해 거듭 발전되어 나가지 못한 면이 없지 않지만 의식 속의 영역에 깊은 관심을 기울이는 현상학적 계기로 보기에 충분하다. 그러나 인간 의식을 두고 데카르트와 후설 사이에 단절이 없는 것은 아니었다.

데카르트는 정신(영혼)과 육체가 각각 전적으로 다른 속성(성질)을 지니고 있다는 점을 들어 이 둘은 전적으로 다른 존재들이며 서로 분리되어 있다고 주장한 것으로 알려진 반면 일상생활, 감각작용 등에서는 그 둘이 미묘한 일치를 이루어낸다는 점을 기술하기도 했다. 하지만 데카르트 스스로 사유의 일종이라고 규정한 의지활동이나 감각작용에서는 사실 육체의 직접적인 개입이 필요하다. 그런데도 그는 이 둘 사이의 분리에 대해서는 철학적 원리를 제공하는 데 서슴지 않았지만 그 결합에 대해서는 단지 관찰과 기술을 했을 뿐이다.

후설은 선험적 환원을 거쳐 닿은 의식 내재 영역을 '순수 의식'이라 불렀는데, 순수 의식의 근본적 특징은 지향성이라 했다. 즉 의식은 항상 어떤 대상을 향한다는 뜻이다. 후설에 따르면 하나의 대상과 세계는 즉물적으로 또는 경험적으로 그저 주어지는 사실이 아니라, 그 의식의 상관자로서 등장하며 의식 활동(노에시스noesis)에 의한 의미 형성체로서의 대상(노에마noema)으로 등장한다. 따라서 우리에게 의미 있는 세계는 우리 의식에 주어진 세계며 그것이 바로 우리 의식이 의미를 부여하는 세계다. 즉 존재자는 그것을 지향하는 의식에서 지향되는데, 이때의 지향적인 의식이 의식 바깥에 존재하는 모든 것에 대한 보편적인 판단을 멈춘 뒤에 남은 '순수 의식'으로서만 기능하는 것은 아니다. 오히려 한 걸음 나아가 순수 의식은 이 사물이 바로 이 사물이게 하는 작용으로서 하나의 대상을 형성하는 활동 주체, 다시 말해 지향적 대상을 구성하는 능동적인 활동 주체라고 보는 것이 옳다. 그렇다면 지향성이란 대상을 구성하고 형성해내는 의식의 고유한 능력을 일컫는 것으로 봐야 하지 않을까?

예를 들어 오랜만에 어린 시절 사진첩을 본다고 해보자. 초등학교 친구와 함께 찍은 봄 소풍 때의 사진이 있다. 가장 먼저 우리에게 주어지는 것은 알록달록한 물리적 대상으로서의 종이 한 장일 것이다. 하지만 우리는 이 종이를 어릴 때 함께 소풍간 친구와 찍은 사진으로 인식한다. 의식 활동은 물리적 대상으로서의 종이보다 훨씬 많은 것을 만들어냄으로써 그것을 사진으로 지각하게 하는 것이다.

후설은 이렇듯 실제로 주어진 것보다 더 많이 생각하는 의식 작용, 또는 더 높은 단계의 새로운 의미를 지향하면서 파악하는 작용을 '구성 작용'이라고 했다. 추억의 사진을 물리적 대상으로서의 종이가 아니라 바로 그 사진으로 파악하기 위해서는 우리 의식이

실제 눈앞에 있는 것보다 더 많이 사념해야 하는데, 이것이 후설이 말하는 구성 작용의 핵심이다.

이렇듯 판단 중지와 환원에서 시작한 현상 발견과 그 본질을 기술하는 작업은, 의식의 지향성에 대응하는 대상 구성에까지 나아갔다. 이때 구성은 하나의 대상이 의식 활동에 의해 '의미의 지평'으로 파악되는 세계를 만들어나가는 단계를 뜻하기도 한다.

의식보다 더 근원적이며 의식의 근거가 되는 생활 세계

앞에서 살펴보았듯이 비트겐슈타인은 철학이 언어를 정비하고 이해함으로써 어떤 치료적인 사명을 수행할 수 있다고 믿었으며, 그 작업을 수행해냈다. 그러한 치료는 무엇인가를 완전히 없애버리는 부정적 기능을 하는 한편, 무엇인가의 기초를 닦아 세우고 일구어나가는 긍정적인 기능 또한 수행한다. 형이상학적이고 추상적인 논변들과 지시 관계를 상실한 개념들에 대한 치료가 부정적인 측면이었다면, 일상 언어들의 활동 방식이 무의미한 것이 아니라 삶의 형식과 규칙에 따라 움직인다는 것과 때로는 철학이 "말할 수 없는 것"에 침묵함으로써 그 존재를 오히려 드러내고 밝혀낼 수 있다는 것 등은 긍정적인 측면일 것이다.

어떤 철학이든 자기 시대를 지배하는 기존의 사유 틀을 비판하고 새로운 대안적 사유 실험을 한다는 점에서 그것은 부정적인 동시에 긍정적인 치료의 역할을 한다고 볼 수 있다. 그렇다면 후설은 어떠한가? 후설이 살던 시대의 시대정신이 철학자인 후설에게 강요한 태도와 입장은 무엇이었을까? 후설은 하나의 사물을, 하나의 존재자를 자연 과학의 입장과 태도에서 바라보는 경향이 강화되고 심화되어 그것이 사물을 바라보는 보편적인 기준이 된 것을 비판했다. 갈릴레이Galileo Galilei 이래로 서양 사회는 공간적 연장을 차지하는 모든 사물을 기하학적인 틀과 도구로 설명함으로써 진정한 세계에 대한 정확하고도 객관적인 지식을 얻을 수 있다고 믿었으며, 실제로 그렇게 함으로써 일정한 과학적 성취를 이루어냈다. 모든 물리 현상, 즉 형태, 운동, 변화 등을 가능한 한 정확하게 기하학적으로 측량할수록 자연 그 자체에 대한 참되고 객관적인 지식을 얻을 수 있다는 믿음이 당시 시대를 움직이고 앞으로 나아가게 하는 근본적인 믿음이었다고 해도 과언이 아니다.

하지만 세계에 대한 하나의 접근 방식과 태도는 스스로 자신의

갈릴레이

길이 하나뿐이라는 제약을 두고 있었으며, 그 사실을 잊고 있다는 데 문제가 있었다. 기하학이나 수학의 방식으로 자연을 바라보는 것은 자연을 추상화하는 과정의 한 양상일 뿐이다. 자연에 대한 기하학적 설명이나 수학적 설명은 그것이 수학적으로 관념화된 자연을 설명하는 방식에 지나지 않는다는 사실을 잊지 않는 한 문제될 것이 없다. 하지만 수학적 방법을 통한 추상화 과정을 잊은 채 그렇게 추상화된 이념의 세계를 입은 바로 그 세계가 진정한 세계라고 믿고, 그런 나머지 추상화되기 이전의 세계, 다시 말해 수학적으로 분석되기 이전의 세계를 불완전하고 부차적인 세계로 보기 시작한다면 그것은 문제가 된다. 자연을 설명하기 위해 사용된 특정한 방법이 오히려 자연의 본질로 파악되고 간주되는 것이나 다

름없게 되는 것이다. 이렇게 되면 구체적으로 체험할 수 있는 세계는 뒷전으로 밀려나고 수학화된 이념의 옷을 입은 세계가 진정한 세계가 되어버린다.

후설은 이렇게 이념화된 세계는 오히려 그것이 딛고 서 있는 일상적이고 구체적인 삶의 세계, 즉 생활 세계에 기반을 두고 있음을 잊어서는 안 된다고 강조했다. 여기서 생활 세계란 과학적 반성 이전의 세계, 오히려 그런 반성을 가능케 하는 출발점으로서의 세계, 과학 이전의, 술어 이전의, 논리 이전의 세계로서, 모든 과학 활동의 가장 근원적인 근거가 되는 영역이자 전제이며 배경이 되는 세계다. 이런 생각 아래 후설은 객관적이라고 일컬어지는 과학이 바로 거기에 뿌리를 박고 자라나는 생활 세계를 발견하게 하는 것, 그것이 참된 현상을 추구하는 현상학의 과제이자 임무라고 주장한 것이다. 후설이 말하는 현상에 대한 탐구로서의 현상학은 이제 최종적인 성숙 단계만을 남겨두었다고 할 수 있다.

현상학은 과학적 사유 작업과 방식을 통해 세련되게 생산된 이념들과 개념들의 바탕에 깔린 생활 세계를 재발견함으로써, 오히려 이 세계가 이념들이 뿌리 내린 지반이라는 점을 주장했다. 현상학의 입장에서 한번 생각해보자. 지구가 태양 주위를 도는 것일까, 태양이 지구 주위를 도는 것일까? 참된 인식은 과학적 장치와 이념으로 발견되는 것인가, 오히려 그 장치와 이념이 제거된 지반인 생활 세계에서 길러지는 것인가? 지구가 태양 주위를 도는 것이라면, 그러한 공전 운동에 대한 주장의 철학적 함의는 무엇일까? 이런 삶의 세계를 생생하게 포착하고 기술하는 것이 한층 확장된 현상학의 과제라는 후설에게 동의한다면, 하이데거가 말하는 세계 안의 존재로서 인간 현존재를 포착하고 기술하려는 기초 존재론과는 얼마나 다른 것일까? 여기서 현상학의 큰 흐름 아래 후설의 현상학과 하이데거의 현상학을 어떻게 구분해서, 어느 정도 다르게 또는 비슷하게 분류할 수 있는가라는 물음이 떠오르는 것은 지극히 당연한 일일지도 모른다.

2. 하이데거—존재론의 새로운 주제가 된 인간 현존재와 그 실존

지금까지 여러분은 꽤 힘든 과정을 거쳐왔다고 할 수 있다. 후설은 한때 자신의 현상학적 방법과 탐구를 종교적인 회심(回心)이나 전향(轉向)에 비유하기도 했다. 한 대상의 나타남(현상)을 철저하게 의식과 연결해 기술하고 묘사하면서 이 대상이 어떤 과정과 절차를 거쳐 의식에게 주어지고 형성되고 구성되는지를 고스란히 따라가는 일은 결코 쉬운 일이 아니다. 하지만 철학자들의 노력과 작업을 여러 개의 능선과 봉우리 그리고 정상으로 이루어진 산으로 이해해보면 어떨까? 출발점에서 능선, 봉우리 순으로 오를수록 이전까지 알지 못한 풍경이 펼쳐지고, 한층 신선하고 맑은 바람이 불어온다. 그러다가 정상에 오르면 아주 넓은 세상이 시야에 들어오는 것이다. 오르지 않고서는 거기에 뭐가 있는지 말할 수 없는 것이 등산이다. 이 책은 소박한 산행 안내도일 뿐이므로 정상에 뭐가 있는지 알려면 이 책의 안내를 따라 더 높은 봉우리와 정상을 찾아 올라가야 한다.

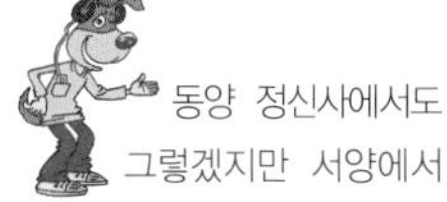

동양 정신사에서도 그렇겠지만 서양에서도 스승이 도착한 바로 그 지점이나 바로 그 이전 단계에서 자기만의 방식으로 새로운 사유의 장을 열어간 철학자들이 있다. 플라톤과 아리스토텔레스, 후설과 하이데거, 하이데거와 아렌트Hanna Arendt 등이 그렇다. 이들은 같은 유형도 아니고 비슷한 사제 관계로 볼 수도 없는 나름의 독특한 길들을 따로이면서도 함께, 함께이면서도 따로 열어갔다.

후설의 조교이자 후임이었던 하이데거는 누구보다 후설의 생각을 많이 접했고 잘 알았다고 할 수 있다. 물론 그런 사실이 하이데거의 창의성이나 독창성을 훼손하지는 않는다. 후설과 하이데거, 이 두 사람은 현상, 즉 사태가 철학의 화두라는 점, 그리고 이를 통해 철학을 변혁해야 한다는 점에는 동감하고 서로에게 큰 기대를 걸었다. 하지만 후설에게 현상이란 의식 안에 주어지며, 의식에 의해 비로소 진정한 의미의 대상으로 구성되고 나타는 것이었다. 반면 하이데거에게 현상은 조금 더 복잡했다. 하이데거는 '현상'을 "자신을 스스로 내보임" 또는 "자신이 드러나는 것", "자신을 드러내 보이는 것"으로 규정하면서 후설과는 다른 이해를 보여주었다. 그 연장선에서 그는 자신의 현상학에 "은폐된 어떤 것을 비(非)은폐 또는 탈(脫)은폐해서 드러나게 하는" 역할을 부여했다.

이렇듯 숨겨진 그 무엇이 드러나는 현상에 대한 연구와 탐구에서 하이데거는 어떤 것이 가장 중요하게 드러난다고 주장했을까? 하이데거는 그것을 '존재'라고 보았다. 그는 《존재와 시간》에서 존재라는 현상을 의식적으로나 비의식적으로 가장 먼저 이해하는 존재자인 우리 자신, 즉 현존재dasein, 세계 안의 존재, 죽음 등에 대한 본격적인 탐구를 과감히 그리고 체계적으로 펼쳤다.

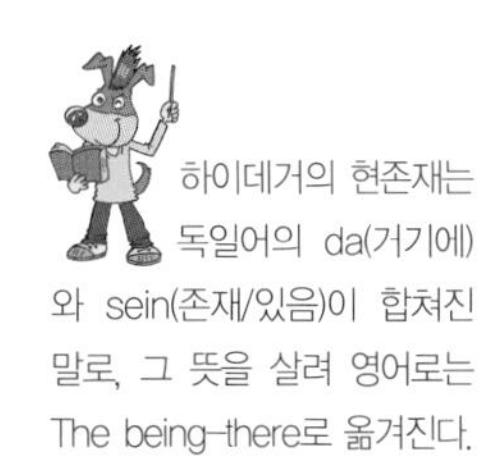

하이데거의 현존재는 독일어의 da(거기에)와 sein(존재/있음)이 합쳐진 말로, 그 뜻을 살려 영어로는 The being-there로 옮겨진다.

인간 존재자에 대한 새로운 규정—현존재

현상에 대한 하이데거의 탐구는 후설이 애초에 시도한 것처럼 인식론적 절차와 목표를 가지고 출발한 것은 아니었다. 하이데거는 철저하게 존재론의 기획과 그 부활 의도를 가지고 《존재와 시간》을 썼으며, 자기 이전의 존재론이 가진 문제점을 나름의 방법으로 극복하고자 시도했다. 그는 그동안 존재론이 존재자에 집중한 나머지 정작 존재의 의미나 존재 자체에 대해서는 제대로 묻지 못했다고 보았다.

신 존재, 인간 존재, 다른 동물의 존재, 식물의 존재, 그냥 물건 또는 사물의 존재는 모두 같은 의미일까? 아마 사람들은 이에 긍정하지 못하면서도 왜 긍정할 수 없는지에 대해 이유와 근거는 제대로 대지 못할 것이다. 나의 있음과 돌멩이의 있음, 연필의 있음에는 어떤 차이가 있을까? 이 물음의 답을 구하려고 시도하기 전

에 먼저 물어야 할 것이 있다. 이 세상에는 수많은 존재자들이 있다. 그 가운데 우리는 어떤 존재자에게서 그 존재 의미를 묻고 읽어야 할까? 처음부터 존재 의미를 분명하게 그리고 전체적으로 이해하고 있지는 않다 하더라도, 그 존재 의미를 조금이라도 이해하지 못하는 존재자에게 그 의미를 물어보는 것이 타당할까? 그렇지 않다면 그런 이해를 불완전하게나마 가지고 있어서 존재에 대해 물을 수 있는 존재자는 어떤 존재자일까? 존재에 대한 물음은 존재의 의미를 이미 이해하고 있는 존재자만이 던질 수 있는 것 아닐까? 존재 의미를 스스로 물을 수 있고 또 그것을 읽어내야 할 모범적인 존재자는 누구일까?

하이데거는 이에 대해 단호하게 말했다. 바로 우리 자신인 현존재만이 존재에 대해 묻고 자신의 존재 이해를 바탕으로 그 물음을 좇아갈 수 있다고. 심지어 그는 "존재란 현존재가 실존하는 한에서만 있다"라고 말함으로써 존재에 대한 물음 추구에서 현존재의 중요성을 단적으로 말한바 있다. 현존재를 우리는 흔히 인간human beings 또는 사람person, 혹은 주체subject라고 전통적으로 불러온 그 존재자와 동일한 것으로 단정하여 편리하게 이해 또는 오해할 수도 있다. 하지만 하이데거의 현존재 개념은 존재 물음이 행해지고 이루어지는 유일한 존재자로서, 나름의 존재 이해를 지닌 존재자라는 고유한 의미로 도입된 것이다. 그는 인간 본성에 대한 이해를 다루는 인간학이나 인식론적 의미의 주체 또는 의식 개념과는 뚜렷하게 구분해서 현존재 개념을 파악하고 사용했다. 《존재와 시간》에 나오는 다음의 몇 가지 규정들에서 하이데거가 현존재 개

우리말에서는 인간과 사람을 같은 뜻으로 쓰기도 하지만 영어로는 뉘앙스가 조금 다르다. human beings는 집합적이거나 총체적 의미의 인간을, person은 개별적이거나 개체적인 인간, 다시 말해 개성이나 개체성이 구현된 인간을 가리킨다.

념의 고유성을 어떻게 주장했는지 확인할 수 있다.

1. 다른 그 누가 아니라 또 다른 그 무엇이 아니라, 우리 자신 각자가 바로 그인 존재자
2. 존재에 대해 물을 수 있는, 물음이라는 존재 가능성을 가진 존재자
3. 그 존재자가 각자 자신의 고유한 존재를 자기 것으로 해서 존재해야 하는 데 근거를 두는 존재자

 우리 각자가 바로 현존재

이러한 분석이나 규정이 다소 어려워 보이기도 할 것이다. 하지만 하나씩 이해해나가면 꼭 그렇지만은 않다.

실존주의의 시발로 알려진 키르케고르Søren Aabye Kierkegaard는 인간을 "신(神) 앞에 선 단독자(單獨者)"라고 했다. 이 말 속에는 좀 더 깊은 뜻이 있다. 아담과 이브가 금지된 선악과를 먹은 뒤, 신이 찾았을 때 처음에는 아무도 그 앞에 나서지 않았다. 인류 최초의 살인 신화로 기억될지도 모르는 아벨과 카인 이야기에서도 살인에 대해 묻는 신 앞에 살인자는 나서지 못했다. 간음한 여인을 두고 죄 없는 자가 돌로 치라는 예수의 말에 그 누구도 나서지 못한 이유도 마찬가지 아니겠는가?

키르케고르

신 앞에 철저하게 홀로 섰을 때 인간은 자신에 대한 실존적인 선택과 결단을 한다는 것이 키르케고르 생각의 요지다. 그런데 우리가 도대체 무엇을 하고 있는지를, 우리가 도대체 어디로 가고 있는

지를 그렇게 준엄하게 묻고 요구하는 신이 없다면, 즉 그런 묻는 자를 아예 상정하지 않는 사유 세계에서는 과연 그 누가 그 물음과 부름의 자리에 설 수 있겠는가? 유신론적 실존주의에서는 분명 나의 나됨, 나의 인간됨, 나의 형성되어 감을 주도하는 것은 신적 존재의 개입이다. 하지만 그런 최종 판관이 존재하지 않는 사유의 장에서는 어떻게 될까? 무신론적이건 유신론적이건 간에 하이데거는 자신이 그런 실존주의 범주에 속하는 철학자로 여겨지는 것을 거부했다. 그는 명시적으로는 무신론적 태도를 유지했다.

다시 돌아가서 물어보자. 신이 내게 내 존재가 나아갈 방향과 머물 곳을 물어주고 관심을 기울여주지 않는다면 과연 누가 그런 관심을 가져줄까? 부모님, 형제, 애인, 선생님, 아니면 친구? 이도 저도 아니라면 동서양의 빛나는 고전들? 아무리 위대한 텍스트일지라도 읽는 자들의 수고스러움과 근면함 없이는 의미심장한 세계를 전달하지 못할 고전들이 과연 우리에게 답을 줄 수 있을까?

여기서 하이데거의 현존재 규정의 첫 번째 항으로 돌아가 보자. "우리 자신 각자가 바로 그인 존재자"라는 말은 무슨 뜻일까? '우리'라고 했지만 이것은 1인칭 복수를 뜻한다기보다 개별적이며 그 누구도 대체하거나 대신하지 못하는 고유한 단수로서의 존재자, 그 존재의 의미나 내용이 각자 자신의 것으로 할당되고 채워지기를 요구받는 존재자, 나 자신 아닌 다른 누구, 다른 무엇으로도 감당할 수 없는 존재자, 국민이나 시민, 사람들, 혹자 등의 범주보다 근본적으로 앞서는 범주로서 그 무리들이 각각 자신으로 파악될 때 형성되는 존재자, 바로 이것이 "우리 자신 각자가 바로 그인 존재자"라는 현존재다. 하이데거는 이러한 현존재의 특성을 가리켜 '각자성'이라 불렀다.

 자신의 존재에 대해 물을 수 있는 존재자인 현존재

이제 두 번째 규정을 살펴보자. "존재에 대해 물을 수 있는, 물음이라는 존재 가능성을 가진 존재자"라는 말에서 존재하는 것, 우리가 흔히 '존재자'라고 부르는 것의 '존재'나 '있음'은 무엇을 뜻하는가? '존재와 시간'이라는 제목에서처럼 존재의 의미를 시간에 따라 분류하고 나누어볼 수도 있을 것이다. 있어온 것의 존재, 한때 있었던 것의 존재, 비시간적으로 존재하는 것의 존재, 무시간적으로 존재하는 것의 존재, 초시간적으로 존재하는 것의 존재 등으로 나누어 파악할 수도 있을 것이다. 그러나 하이데거는 사물이나 도구의 존재 방식이나 의미를 '손안의 존재'라고 파악하고, 이론적이거나 학문적 (연구) 대상의 존재 방식이나 의미를 '눈앞의 존재'로, 존재 물음을 어느 정도 이해하면서 이 물음을 제기하는 우리 자신인 존재자의 존재 방식이나 존재 의미를 '현존재'로 규정했다. 그런데 존재의 의미, 있음의 의미를 물을 수 있는 존재자가 얼마나 될까? 바로 우리 자신인 현존재 외에 이런 능력을 가진 존재자가 또 있을까? 인간 외의 어떤 동물이 그 자신의 존재나 다른 존재자의 존재 의미를 이해하고 물을까? 우리 자신인 현존재가 어느 정도의 존재 이해를 가지고 존재 의미를 묻고 파악해나간다는 것은 분명하지만 현존재인 우리 외의 다른 존재자가 그러는지에 대해서는 잘 알 수 없다. 적어도 우리에게는 이 현존재가 존재

'손안의 존재'와 '눈앞의 존재'에 대해서는 조금 뒤에 자세히 다룰 것이다. '현존재'는 여기서 구체적인 존재자의 의미가 아니라 존재 방식 또는 존재 양식을 의미하는 것으로 이해해야 한다.

물음의 가능성을 펼치는 거의 유일한 존재자인 것이다.

이렇게 현존재를 존재 의미를 묻는 능력과 관련지을 때 그 성과로 등장하는 우리 자신인 존재자에 대한 규정들은 어떤 종류의 철학 담론일까? 이성, 지성, 합리성, 감성을 강조하는 전통적인 인간학적 규정들일까, 아니면 현존재에 대한 분석을 토대로 한 존재론적 규정들일까? 당연히 하이데거는 후자의 성격이라고 단호하게 말한다. 하이데거가 굳이 피하고 싶어 하는 주체, 이성, 감성 등의 인간학적 구도와 도식은 이제 존재 물음과 존재 의미에 대한 파악 능력과 분류를 통해 존재론적 위상을 차지했다고 볼 수 있다.

자신의 고유한 존재를 찾아야 하는 존재자인 현존재

마지막 규정을 살펴보자. "각자 자신의 고유한 존재를 자기 것으로 해서 존재해야 하는 존재자"로서의 현존재. 독자들은 지금쯤 '하이데거라는 철학자, 참 어렵다'라고 생각할 것이다. 하이데거의 철학은 독일어가 모국어인 독일인들에게도 너무 어려워서, 독일어 번역본이 필요하다는 말이 나올 정도였다. 하지만 여기까지 왔으니 포기하지 말고 다시 한번 생각해보자. 철학의 진정한 매력, 아니 마력을 알기 전에 성급히 포기해서는 안 된다. 한번 맛보기 시작하면 놓을 수 없는 것이 철학의 매혹하는 힘이다.

우리는 아직 "각자 자신의 고유한 존재를 자기 것으로 해서 존재해야 하는 존재자"에 대해 한 마디도 하지 않았다. 각자가 현존재인 것에 대해서는 앞에서 설명했다. 그런데 하이데거가 보기에 현존재는 자신에게만 있는, 즉 그에게만 고유하게 허락된 존재를 자신의 것으로 해서 살아나가야 하는 존재자다. 여기서 주의해야 할 두 가지 논점이 있는데, 바로 '고유한 존재'라는 것이 무엇인지와 만약 이런 현존재에게 합당한 고유의 존재함이 있다면 이를 어떻게 자기 것으로 만들거나 자기화할 수 있겠는가다.

눈앞의 사물들은 순수하게 이론적인 시야에서 파악되어 연구 대상으로 취해지는 방식으로 그 나름의 '고유한 존재'가 된다. 그리고 손안의 사물 또는 도구들은 '~하기 위한' 것으로 파악되어 다른 목적을 염두에 두고 이용하거나 사용하기 위한 것으로 '고유하게 존재'한다. 그렇다면 현존재의 '고유한 존재'는 무엇이라고 규정될 수 있을까? 자신만의 언어와 개념을 나름의 이유를 가지고 창안하고 이를 주장한 하이데거는 현존재가 아닌 존재자에 대한 존재 규정을 명명할 때는 여전히 전통적 의미의 '범주'라는 표현을 사용했고, 현존재의 존재 성격이나 존재 규정을 칭할 때는 '실존 범주'라는 완전히 새로운 말을 만들어냈다. 몇몇 독자는 현존재와 실존이 본질적으로 관련되었으리라는 점을 느꼈을지도 모른다. 하이데거는 현존재가 "언제나 어떻게든 관계 맺고 있는 존재 자체"를 실존이라고 했다. 다시 말해 그 관계 맺음의 방식은 이렇게 혹은 저렇게 달라지겠지만 현존재가 관계하는 존재 자체가 있음은 부인하기 어렵고 이를 하이데거는 '실존'이라 부른 것이다.

도구나 사물은 자신들의 존재나 있음을 문제 삼을 수 없는 존재자들이다. 이때 '문제 삼는다'는 것은 현존재가 자신의 존재 가능성을 늘 고민하고 관심을 기울이며 심지어 걱정한다는 것, 하이데거식 용어로는 염려한다는 것이다. 도구나 사물은 자신의 존재 가능성을 염려하지 않는다. 더 정확히 말한다면 염려하지 못한다. 왜 그럴까? 다르게 또는 다른 방식으로 존재할 가능성을 스스로 찾아가지 못하기 때문이다.

혹시 책상이 스스로 자신의 존재 가능성을 '불안' 해했다는 이야기를 들어본 적 있는가? 어느 날 책상이 책상이기를 그만두고 다른 존재 가능성을 염려해서 집을 나가고 말았다는 이야기는? 방황하는 망치와 가출하는 책가방……. 새로운 소설적 상상력의 소재가 될 만한 물음이지만, 실제 소설 속에서 가출한 책상이 등장해도 그 책상은 늘 자신의 존재 가능성을 고민하는 현존재의 다른 이름일 수밖에 없다. 망치 역시 실제로 소설 속에서 무엇인가를 내려치거

나 때리는 기능을 수행하더라도 자신의 실존을 매순간 고민하는 의인화된 현존재일 수밖에 없다.

하이데거는 현존재의 존재 가능성을 크게 두 가지로 나눈다. 현존재는 언제나 자신을 그의 실존, 즉 그 자신으로부터 존재하거나 아니면 그 자신이 아닌 것으로 존재하거나 할 수 있는 가능성으로 존재하는 것이다.

현존재가 자신의 가능성을 자신이 아닌 다른 것에서부터 선택한다면 이 현존재의 운명은 어떻게 될까? 이와는 다르게 현존재가 자신의 존재 가능성을 자신에게서 길러내어 선택할 가능성으로 살아간다면 현존재의 모습은 어떠할까?

하이데거는 현존재의 실존을 현존재의 '고유한 존재'로 파악했다. 연필과 같은 존재자는 어떤가? 연필은 불안해하지 않는다. 연필은 자신의 존재 가능성의 이런저런 선택이라는 것이 허용된다는 자체가 허용이 되어 있지 않은 그런 존재자다. 반면 현존재는 매순간, 매번 자신이 바로 이 현장에서 자신의 존재함이 어떠해야 하는지 늘 고민하고 걱정하고 불안해할 수밖에 없는 존재다. 오직 현존재만이 불안할 수 있는 것이다. 그렇다면 불안은 더 이상 저주의 징후가 아니라 달리 살아갈 수 있다는, 다르게 존재할 수 있다는 길한 상징이 아닐까? 도구나 사물은 그 자신의 존재 방식이나 양식을 고민할 필요가 없다. 그것의 본질이 주어지고 정해졌다면 그것 아닌 다른 존재 방식을 고려할 이유가 없는 것이다.

그런데 오직 인간만이 자신의 존재를 가능성, 진정한 가능성이건 그렇지 않은 가능성이건 간에, 그 가능성의 측면에서 쉼 없이 문제 삼고 고려한다. 하지만 인간이라는 생물학적 종이 아닌 다른 외계 존재자가 있어서 그 존재자가 매번 매순간 자신의 존재 부담을 지게 된다면 그는 현존재일까? 여러분의 생각은 어떤가? 오직 인간만이 현존재일 수 있을까?

이제 남은 문제는, 이 부단한 존재 부담을 져야만 하는 실존이라는 존재 양식과 존재 성격을 지닌 현존재가 어떻게 이 실존성을 '자기 것으로 존재해야 하는가' 다. 현존재는 그 본질상 '무엇what' 이 아니라, '누구who' 다. 그 누구임을 규정하고 다루는 다음 부분에서 현존재의 실존성을 어떻게 그 현존재의 것으로 자기화하는가에 대해 다루어야겠지만, 그 이야기는 죽음이라는 독특한 현존재의 계기를 다루는 부분에서 다시 논하기로 하겠다.

현존재는 본질적으로 세계 안의 존재다

지금까지 이야기한 현존재의 본질적인 존재 규정인 각자성, 실존성 등은 현존재의 선험적 구조로서의 '세계 안에 있음' 이 없다면 불가능하다. 현존재는 '거기 있음' 으로 규정되는 존재자인데, '거기' 란 어디를 말할까? 하이데거는 그곳이 '세계' 라고 단언했다. 다시 말해 '세계 안에서' 가 아니라면 우리 각자가 현존재가 되고, 존재에 대해 물을 수 있는 현존재가 되고, 각자 자신의 고유한 존재를 자기의 것으로 존재해야 하는 바로 그 현존재가 가능하지 않다는 것이다. 하이데거는 만약 현존재가 거기에, 즉 세계 안에 있지 않았다면 바로 우리 자신인 현존재가 각자성을 가지거나 실존성을 가지는 것은 불가능하다고 보았다. 즉 현존재의 선험적 구

'선험적' 이라는 개념은 칸트에 의해 중요한 철학 개념으로 자리 잡았다. 칸트는 이 말을 '경험에 앞서', '경험 이전에' 라는 뜻으로 썼는데, 이때 '앞서' 나 '이전' 이라는 말은 시간적으로가 아니라 논리적으로 경험에 선행한다는 뜻이다. 참다운 인식은 경험에서 출발하지만 그 경험만으로 인식이 완성되는 것은 아니다. 눈앞에 있는 노란 책상이 그 자체로 100년이나 200년 동안 존재한다 해서 그것에 대한 우리의 인식이 완결되지는 않는 것이다. 책상의 현존은 인식의 필요조건은 될지 몰라도 충분조건은 아닌데, 이때 충분조건은 칸트에 따르면 우리 지성의 선험적 개념과 범주들이다. 하이데거 철학에서는 현존재에 대한 다양한 규정 자체를 가능케 하고 이것들에 '앞서서' 주어진 현존재의 구조, 즉 '세계 안에 있음' 이 선험적 구조가 된다.

조로서의 '세계 안에 있음' 이란 현존재의 다른 존재 규정들을 가능케 하는 구조로서의 그것이며, 각자성이 실제적이고도 구체적으로 획득되거나 그렇지 않거나에 근본적으로 독립된 앞선 사태다. 자신의 본래적 가능성, 즉 자신에게서 유래하는 본래적 가능성을 통해 실존성을 획득하건 아니건 간에 그 실존성에 앞선 구조가 현존재의 '세계 안에 있음' 인 것이다.

따라서 하이데거가 말하는 '세계' 는 특정한 현존재의 총체적인 실존에 영향을 주는 맥락 전체를 가리킨다고 볼 수 있다. 상황에 따라 세계는 국가, 그것도 자신의 혁명적이면서도 애국적인 참여를 기다리는 위기에 처한 조국일 수도 있으며, 특수한 문화 · 사회적 환경일 수도 있다. 또한 조금 범위를 줄여본다면 현존재 자신이 받아온 교육 또는 직업, 친구일 수도 있다. 예컨대 교사의 '세계' 는 그의 삶이 처한 상황의 총체나 종합으로 이루어질 것이다. 비록 그 총체나 종합을 일일이 명시하여 열거하거나 제시할 수 없다 하더라도 그 세계가 그에게 자신의 실존성을 이해하고 받아들이는 틀이 되어준다는 것은 변함없는 사실이다.

운동선수에게는 치열하고도 준엄한 스포츠 세계가 그의 각자성을 드러내는 장(場)일 것이다. 증권 시장의 움직임과 지수에 초각을 세우는 증시 분석가는 매일 환자를 치료하는 의사와는 다른 세계에 의해 규정될 것이다. 주가의 변동을 대할 때처럼 독감 바이러스에 민감하게 반응하거나 대처할 현존재로서의 증시 분석가가 있을까? 다양한 분야에서, 최단시간 안에 서로 다른 언어를 전달하는 동시 통역사를 생각해보자. 통역사가 매일 새롭게 등장하는 정보와 신조어에 관심을 기울이지 않을 수 있을까? 텔레비전이나 인터넷 등에 등장하는 신조어를 접하면 대강의 뜻풀이를 보고 넘어가는 데 만족하는 다른 현존재와, 그 단어를 제대로 옮기지 못하면 소통이 불가능한 상황에서 살아가는 통역사의 현존재가 같은 세계에 속하거나 같은 현존재라고 말하기는 어려울 것이다.

긴 서양의 역사 속에서 철학자들은 인간을 규정하고 정의내리고자 할 때 늘 그 존재자의 내재적인 능력을 기준으로 삼았다. 피부색이나 인종, 재산, 정치적 지위, 출신 등은 일종의 우연적 속성으로 보고, 그런 비본질적인 속성들과 무관하게 인간을 다루려고 노력해왔다. 다시 말해 인간이기만 하면 누구나, 시간과 장소를 초월해서 갖추었다고 믿어지고 전제되는 본질적 능력들인 이성, 오성, (순수) 의식, 감성, 상상력 등을 추출해내어 인간 존재를 규정하려 해왔다는 것이다. 그렇다면 하이데거의 인간적 현존재 또는 인간인 현존재를 '세계 안에 있음'으로 규정할 때, 하이데거는 어떤 점에서 이전 철학자들과 구별되고 변별되는 것일까? 하이데거는 그것이 무엇이든 인간의 내재적인 능력으로 인간을 정의하려 한 시도는 인간을 그가 처한 '세계'에서 '끄집어내어', 소위 객관적이라는 타이틀을 입혀 헛되이 이해하려 한 것일 뿐이라고 보았다. 인간 현존재가 세계 안에서만, 세계에 뿌리내림으로써만 자신을 이해하고 다른 존재자의 존재를 이해할 수 있는 마당에 세계에서 끄집어내진 현존재란 불가능하지 않겠는가?

하이데거가 말하는 세계는 그동안 많은 철학자들이 규정해온 세계 개념과 사뭇 다르다. 전통적인 철학에서 세계는 '사물적 존재

속성(屬性)이란 대게 한 존재자(신이나 인간, 또는 다른 존재자)에게 속한 성질을 가리킨다. 크게는 본질적 속성과 우연적 속성으로 나뉘는데, 사람으로 치면 피부색, 국적, 재산, 개인적 취향 등은 전적으로 우연적 속성이다. 이때 '우연적'이라 하는 이유는 그럴 수도 있고 안 그럴 수도 있는 것이기 때문이다. 반면 이성, 지성, 감성, 언어 능력 등 인간이라면 누구나 갖추었다고 여겨지는 것은 본질적 속성이다. 예를 들어 물감에는 여러 가지 색이 있지만 색깔 자체가 없을 수는 없다. 여기서 여러 가지 색깔이 우연적 속성이고, 색깔을 가지지 않을 수 없는 것이 본질적 속성이다.

자 전체나 총합'으로 파악되어왔다. 이때 많은 경우 세계 개념에는 인간 주체나 의식 같은 존재자 전체를 하나의 대상으로 만드는 능력을 가진 자는 제외되었다. 그래서 자연스럽게 '인간—세계', '주체—대상'이라는 비교적 파악하기 쉬운 이원적 구도가 형성된다. 이때 인간 주체는 의심하는 능력이든 회의하는 능력이든 또는 인식하는 능력이든 간에, 즉 사유하는 능력을 가지고 자신을 제외한 나머지 전체를 저울에 달아 그 무게와 성질과 본질을 파악하려는 아르키메데스Archimedes적인 위치를 차지하려 한다. 그는 세계 안에서 사유하는 것이 아니라 세계를 사유하려는 것이다. 철학이 탄생한 뒤 벌어진 모든 형이상학적 작업의 속성은 이러한 경향을 어느 정도는 띠게 마련이다. 하지만 하이데거에게 세계는 결코 하나의 인식으로 대상화할 수 있는 사물적 존재자가 아니었다.

아르키메데스

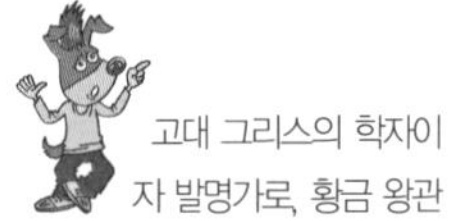
고대 그리스의 학자이자 발명가로, 황금 왕관에 은이 섞였는지를 알아내라는 임금의 명령에 고민하다가 목욕 중에 부력의 원리를 알아냈다는 일화로 유명하다.

손안의 도구, 눈앞의 사물

《존재와 시간》을 보면 세계 안에는 나인 현존재와 너인 현존재, 그인 현존재와 그녀인 현존재 등 각자인 현존재가 엄연히 존재한다. 이런 현존재 외에도 그것과는 또 다른 방식으로 존재하는 도구로서의 사물과 이론적 성찰 대상으로서의 사물이 존재하는데, 하이데거가 즐겨 사용하는 예인 망치로 이해해보자. 그의 관찰과 주장에 따르면 망치는 하나의 도구로서 '~을 하기 위한 것'이다. 물론 망치는 그것 자체로 단 하나의 '~을 하기 위한 것'에 멈추지 않는다. 예를 들어 망치는 못을 박기 위한 것이고, 못은 벽걸이 시계를 걸기 위한 것이며, 벽걸이 시계는 또다시 우리인 현존재가 시간을 알기 위한 것이고, 또다시 그 시간을 알아서 우리인 현존재는 '~을 하기 위한 것'으로 사용할 것이다. 이렇듯 본래적으로 도구로서의 사물은 탐구나 성찰 대상으로서의 존재와 달리 애초부터 유용하고 실용적인 것으로 파악된다. 무엇을 하기 위해 사용되는 도구는 그것이 도구로서 역할을 제대로 수행하고 기능하려면 반드시 우리 손에 익어야 하며 손과 하나가 되듯 숙달되어야 한다. 그래서 하이데거는 이런 도구로서의 사물을 가리켜 '손안의 것'이라 하고, 그 도구의 존재 성격이나 존재 양식을 '손안에 있음'이라 했다.

하이데거가 우리인 현존재를 포함해서 세계를 설명할 때 가장 많이 염두에 두는 존재자가 바로 '손안의 것'이다. 하지만 이 손안의 것이 제대로 작동되지 않을 때, 다시 말해 망치가 손에 익어서 못을 잘 내리쳐야 함에도 그렇지 못할 때 이 망치라는 존재자는 그 사용자인 현존재의 눈에 띄게 된다. 더 이상 손과 관계하는 것이 아니라 사용함이나 유용함에서 문제를 일으켜 우리의 탐구적 또는 이론적 성찰의 시야에 들어오는 것이다. 이때 이 도구로서의 사물은 손을 떠나, 눈이 행하는 주목의 대상이 된다는 점에서 하이데거는 이를 '눈앞의 것'이라 부르고, 이런 눈앞의 존재자를 위한 존재 성격이나 존재 양식을 '눈앞에 있음'이라 칭했다.

이러한 존재자(손안의 것과 눈앞의 것)는 현존재의 목적과 사용 가능성 측면에서 때에 따라 결정되는 가변적 성격을 지닌 존재자가 된다. 하나의 존재자가 때에 따라 손안의 것이 되기도 눈앞의 것이 되기도 하는 것이다. 따라서 도구로서의 사물과 이론적 성찰

대상으로서의 사물이 존재한다고 말할 때, 그 두 가지 존재방식은 어떤 태도로 그것에 현존재가 접근하는지에 달려 있다. 예를 들어 산에서 만난 바위는 그 자체로는 손안의 것이 아닌 존재자다. 하지만 지질학자나 광물학자에게는 눈앞의 것이 될 수 있고, 바위를 이용하는 석공에게는 손안의 것이 될 수 있다. 팔순 노인에게 DVD나 MP3는 무엇이 될까? 그것이 고등학생에게 주어지다면 또 어떻게 달라질까? 우리가 어떤 세계에 처해 있느냐에 따라 그것은 훔쳐서라도 갖고 싶은 손안의 것이 되기도 하고 눈앞의 것처럼 객관적인 관심이나 관찰의 대상이 되기도 한다.

그런데 손안에 있음과 눈앞에 있음이라는 사물의 근본적인 두 존재 양식 가운데 어느 것이 더 근본적이라고 말할 수 있을까? 이에 대한 답은 현상학이라는 큰 지적 흐름에서 하이데거가 보이는 철학적 성격을 드러내주고, 나아가 철학사 전체의 흐름에서도 그가 지닌 철학적 입장을 드러내줄지 모른다. 하이데거는 손안에 있음이 눈앞에 있음보다 더 근본적인 사물적 존재자의 존재 양식이라고 단언했다. 테오리아(theoria, 이론)라고 하는 인식론적 성찰이나 관찰은 하이데거가 보기에 이 손안에 있음에서 자라나고 길러져 나오는 것이다. 이에는 반론의 여지가 많지 않은데, 두 존재 양식의 시간적 발생 관점에서 보아도 손안에 있음이 눈앞에 있음보다 앞서며, 존재론적 우위 측면에서도 눈앞에 있음은 손안에 있음에 의존할 수밖에 없기 때문이다. 이런 철학적 태도는 같은 현상을 강조하는 현상학적 흐름에서 인식(론) 중심적 경향에 서 있는 후설과 극명한 차이를 보여주는 것이다.

우리는 앞에서 세계를 이루는 존재자들로서 눈앞의 존재자, 손앞의 존재자를 차례로 이야기해왔다. 결정적으로 우리는 이 '~을 위하여' 있는 존재자와 현존재 사이의 연관에 대해서 언급하지 않았다. 그런데 이러한 존재자들은 현존재와 어떻게 연관되어 있을까? 한 번도 세계에서 이탈되어 그 존재 성격을 부여받은 적 없는 현존재는 손안의 존재자와 그 자신을 연관할 수 있어야 할 것이다. 하나의 도구(망치)는 또 하나의 손안의 존재자(못)를 위해 존재하고, 그 못은 또 다른 손안의 것(벽시계)을 위해 사용된다. 하지만 이런 '~을 위하여'의 사슬이 한없이 늘어날 수 있을까? 어디엔가 그 자신의 종착점을 마련해야 하지 않을까? 벽시계라는 도구 존재

이마누엘 칸트

자는 무엇을 위하여 그 큰 바늘과 작은 바늘을 쉼 없이 돌리는 것일까? 기계 부품과 그 동력원의 결합이 만들어낸 자동적 운동의 외적 결과가 시간을 표시하는 것인가?

하이데거는 이런 도구적 존재자의 사슬은 최종적으로 현존재의 존재 가능성에 안전하게 도착한다고 말한다. 현존재가 때로는 본래적인 자신의 존재 가능성 때문에, 때로는 본래적이지 않은 존재 가능성 때문에 벽시계의 시간을 알고자 한다는 것이다. 이렇듯 현존재는 또 다른 '~을 위하여'의 출발점으로, 더 이상 '~하기 위한' 것이 되지 않을 존재자로서 오직 자신의 존재 가능성 때문에 손안의 존재자와 깊은 내적 연관성을 가진다. 이것은 하나의 인격을 결코 수단으로 대하지 말고 목적 그 자체로 파악하고 대하라는 칸트의 정언명령을 떠올리게 한다.

이렇듯 수많은 존재자들이 서로 연관되어 있는 세계는 하이데거식으로 이렇게 정의내릴 수 있다. 세계는 도구 존재자가 '~을 위하여'라는 복잡하고도 긴 사슬과 연관 관계를 형성해가는 곳이자, 현존재가 자신의 존재 가능성 때문에 도구 존재자들의 사슬과 연관을 이해하면서 그 자신에게 결부하는 곳이다.

'세계 안에 있음'에서 '안에 있음'이 뜻하는 것

앞서 현존재의 선험적 구조로 '세계 안에 있음'이라는 규정을 제시했는데, 지금까지 '세계'에 대해 이야기했으니 이제 '안에 있음In-Sein'을 이야기할 차례다. 현존재는 어떻게, 어떤 방식으로 세계 안에 있는 것일까? 세계라는 그릇 안에 내용물인 현존재가 담기는 것일까? 컵에 물이 담기듯 물이 컵 '안에' 있듯 말이다. 컵을 들고 비우면 비워지듯, 세계를 거꾸로 들고 흔들면 현존재와 손안의 존재자가 모두 비워질까? 즉 세계에서 현존재를 분리할 수 있듯 현존재가 세계 안에 있는 것인가? 이런 비유와 물음들은 다음과 같은 아주 근본적인 존재론적 물음들을 가지고 있다고 할 수 있다. 현존재 없는 세계는 어떻게 될까? 그것을 세계라고 불러도 괜찮은가? 쉽게 비유해서 지구에서 인간이 사라진다면 어떻게 될까? 그렇다면 지구는 다른 별과 어떤 차이점을 가지게 될까? 물론 하이데거에게 지구와 세계는 동의어가 아니지만, 이러한 질문은 지구와 세계에 동시에 적용될 수 있을 것이다.

우리인 현존재는 '세계 안에 있을 때만' 다른 존재자나 현존재와 관계를 맺을 수 있다. '안에'는 독일어 'in'을 번역한 것인데, 본래 '거주하다, 체류하다'라는 뜻의 'innan-'에서 유래되었다. 'innan-'의 'an'에는 '나는 ~하는 것이 습관이 되었다', '~와 친숙하다' 또는 '나는 어떤 것을 보호한다' 등의 뜻이 있다. 그러므로 '세계 안에 있다'라는 표현은 현존재가 자신의 존재를 이해하며 동시에 다른 존재자의 존재에 대한 앞선 이해 속에 산다는 것과, 나아가 그러한 세계와 친숙하며 그러한 세계를 돌보고 걱정하고 관심 가지며 보호한다는 뜻이 된다. 현존재는 세계 안에 존재하지만 그냥 있는 것이 아니다. 다시 말해 사물적 존재자와 동일한 공간을 차지하거나 그런 존재자들 틈 사이에 끼여 한 연장성을 차지하는 방식으로 존재하는 것이 아니라는 것이다. 아마 데카르트의 사물 규정에 따르면 현존재도 공간을 차지하는 이상 일반 사물과 다르지 않은 실체 규정, 즉 연장성을 차지하는 것으로 파악되었을지도 모른다. 하지만 하이데거에게 현존재는 코기토나 사유하는 것res cogitans도 아닐뿐더러, 도구 존재자가 사물res extensa이지도 않다. '세계 안에'는 자신의 존재와 다른 존재자의 존재를 어떤 방식으로든 이해하는 현존재가 다른 존재자와 관계 맺음의 필연성을 함의하는 개념으로 파악해야 하는 것이다.

하지만 다양한 양상으로 자신은 물론이고 이웃하는 현존재와 또 다른 존재자와 관련을 맺을 각자인 현존재에 대한 선험적 구조로서의 '세계 안에 있음'은 현존재의 관계 맺음의 필연성만을 함의하는 다소 형식적인 규정 틀에 불과하다. 이는 관계 맺음이 불가피하다는 점을 말해줄 뿐, 구체적으로 어떤 관계 맺음이 이루어지며 이루어져야 할지는 말해줄 수 없다. 그 구체적인 관계 맺음의 내용과 향방은 각자인 현존재가 도구나 사물에 대해, 다른 현존재에 대해 그리고 궁극적으로는 자신에 대해 가지게 될 존재 방식에 따라 결정될 것이기 때문이다.

현존재는 자신의 존재를 염려하는 존재자다

갑자기 죽음과 염려라는 다소 엉뚱하게 보이는 주제가 전면에 등장해서 의아해하는 독자가 있을지 모르겠다. 실존성과 각자성을 가진 현존재, 세계 안의 존재로서의 현존재를 말하다가 불현듯 죽음과 염려라니? 하지만 이 주제어들이야말로 《존재와 시간》에 등장하는 하이데거 철학과 사상의 가장 압축적인 지점을 보여줄 수 있을 것이라는 판단은 그렇게 자의적이지 않을지도 모른다. 자의적이지 않은 이유를 보다 소상히 밝힌다면 독자들의 의아함도 사라질 것이다.

잠시 앞의 내용을 정리해보자. 우리인 현존재는 자신의 존재에 대해 물을 수 있어야 하는데, 그러기 위해서는 먼저 존재를 이해해야 한다. 여기서 존재 이해란 현존재 자신의 존재 이해는 물론이고, 도구적 존재자의 존재 이해, 이웃하는 다른 현존재의 존재 이해를 모두 포함한다. 또한 현존재는 자신의 존재 가능성이라는 최종 도착점을 위해 다른 도구적 존재자와 관계 맺는다고 했다. 하지만 세계 안에 있다는 근본적인 선험 구조를 가진 현존재가 그 자신이 만나는 존재자들과 구체적으로 어떤 다양한 관계를 맺는지는 아직 말하지 않았다. 단지 '세계'가 그러한 관계 맺음이 이루어지고 일어나는 바로 그곳이라고 말했을 뿐이다. 그리고 '(세계) 안에 있음'이 그런 관계 맺음을 필연적이게 한다는 점을 말했을 뿐이다.

하이데거는 현존재가 세계 안의 존재로서 다음과 같은 세 가지 관계 맺음 방식 또는 존재 양식을 가지고 있다고 했다. 이때 핵심은 현존재가 누구와 함께 또 무엇과 함께 마주하고 살아가느냐의 방식에 따라 이 세 가지가 달라진다는 것이다.

1. 현존재가 자신의 존재 가능성을 위해, 또 그것 때문에 손안의 것과 눈앞의 것과 관계 맺는 방식 또는 그 존재 양식—배려 besorgen
2. 현존재가 또 다른 현존재적 존재자와 관계 맺는 방식 또는 그 존재 양식—심려fürsorge

이 세 가지 존재 양식들을 가리키는 독일어를 살펴보면 sorge(염려)가 공통되게 들어간다는 것을 알 수 있다. 물론 존재자들이 달라짐에 따라 존재 방식과 그 관계 맺음 또한 다양하게 달라지겠지만, sorge가 조금씩 변형되어 나머지 존재 양식을 규정한다고 본다면 어떨까? 사실 이 sorge는 존재 양식들과 관계 맺음의 가장 근본적이고 핵심적인 방식이라고도 할 수 있다.

3. 현존재가 자신의 존재와 관계 맺는 방식 또는 그 존재 양식—염려sorge

우리는 도구나 사물을 배려한다

배려는 흔히 '누군가의 편리를 위해서, 즉 그를 위해 그가 사용하고 이용하는 데 불편함이 없게 마음을 쓰는 것'으로 정의된다. 하이데거 철학에서 '염려'가 걱정, 염려, 마음 쏟음, 마음 씀 또는 마음 씀씀이 등으로 이해된다면, '배려'는 현존재가 세계 속에 존재할 수 있는 가능한 방식들 가운데 하나로서 현존재적 존재자를 제외한 나머지 존재자들, 다시 말해 도구적 존재자와 (이 도구성을 상실할 때 드러나는) '눈앞의 것'과 현존재가 만나고 관계 맺는 방식을 가리킬 때 사용된다. 그런데 도구를 사용하면서 현존재는 대개 그냥 배려하는 세계 자체에 빠져들어 자신의 존재 가능성을 그 자신에서 길러내지 못하고 '사람들'이 하는 대로 그 가능성을 선택하고 결정한다. 하나의 물건을, 하나의 도구를 그것을 사용하는 현존재 자신의 고유한 존재 가능성에서 길러내어 사용한다는 것은 과연 어떤 것일까?

사람들은 하나의 도구를 만나거나 사용하는 데서도 이미 다른 사람들이 그렇게 해석하고 사용해온 방식을 비판 없이 그대로 답습함으로써, 현존재 자신의 고유한 가능성이라는 근본 지반에서 나올 수 있는 존재자에 대한 참신한 해석이나 자기만의 세상 읽기를 포기하고 다른 이들의 평균적이고 모호한 독법을 따라간다. 흔히 사람은 다른 사람들이 자신과 동일한 것을 보고 말하고, 자신과 동일한 것을 찾고 누린다는 사실을 확인하면서 세계 속에서 안전함과 편안함을 느낀다. 그런 안전함과 편안함의 정체는 무엇일까? 현존재 자신을 새롭게 발견하게 하는 종류일까? 아니면 타성에 젖은 안이한 태도인가? 혹시 우리는 그런 사람들이 지향하는 모나지 않게 처세를 잘하는 방식에 젖어 있지 않은가?

그런데 이렇게 친숙하면서도 그것 안에서 자신의 시야와 관점을 반납하는 대중적인 세계 이해에 저항하고 살아가는 현존재란 누구일까? 남들이 정한 진부한 존재 해석과 세상 보기에 나름의 무기와 전략으로 대항하며 본인만의 세계 읽기를 발굴해나가고 열어가는 이들이 있다면 과연 누구일까? 30대라는 이른 나이에 세상을 떠난 시인 기형도의 시 가운데 '흔해 빠진 독서' 라는 제목의 시가 있다. 그 시에는 두꺼운 책의 저자들은 매력적이지만 대부분 의심의 여지없이 불행한 삶을 보고 말았다는 구절이 나온다. '흔해 빠진 독서'와 대결하면서 스스로는 불행하지만 가지 않은 읽기의 길을 간 사람들을 우리는 '시인' 이라 불러야 하지 않을까? 1996년에 노벨 문학상을 받은 폴란드 시인 심보르스카Wisława Szymborska는 이렇게 말했다.

> 두 번 일어나는 것은 하나도 없고, 일어나지도 않는다.
> 그런 까닭으로 우리는 연습 없이 태어나 실습 없이 죽는다.
> 어떤 하루도 되풀이되지 않고 서로 닮은 두 밤도 없다.
> 두 번의 같은 입맞춤도 없고, 하나 같은 눈 맞춤도 없다.

유일하고도 독특하며 고유한 것들의 존재론적 가치를 먼저 직관적으로 알아차리는 이들이 정녕 시인이 아니던가? 예술가들의 삶이란 결국 하나의 사물을 두 번 다시는 볼 수 없고, 두 번 다시는 만나볼 수 없는 방식으로 다시금 만들어주는 것이라 할 수 있다. 하지만 우리 모두가 시인이나 예술가가 될 수 없다면 세계 안에서 만나는 존재자들에 대한 흔해 빠진 독서를 어떻게 극복하고 이겨낼 수 있을까?

우리는 타인을 심려한다

흔해 빠진 읽기의 그물에 걸리는 것이 손안의 도구나 눈앞의 관찰 대상에 국한된다고 말할 수는 없을 것이다. 현존재가 또 다른 현존재적 존재자와 관계 맺는 방식 또는 그 존재 양식을 하이데거는 심려라고 불렀다. 우리인 현존재는 이런 타인들과 늘 함께 있다. 도구를 사용하고 이용하는 또 다른 현존재들과 우리는 세계 속에서 함께하기 마련이고, 그들은 도구처럼 손안에 있는 존재도 아니고 그렇다고 이론적 관찰의 대상처럼 눈앞에 있는 것도 아니다.

이것은 로빈슨 크루소처럼 절대 고독 속에 머물 때조차도 마찬가지다. 톰 행크스가 주연한 영화 〈캐스트 어웨이Cast Away〉는 주인공이 비행기 조난으로 4년을 무인도에 살다가 뗏목으로 탈출해 고향으로 돌아와 다시 삶을 시작하는 내용이다. 이 이야기는 (물리적으로는) 홀로 있음의 극치를 보여주면서 또 다른 한편으로는 다른 현존재와 함께 있음의 극치를 보여준다. 주인공은 함께 조난당한 배구공에게 말을 걸며 그 외로운 시간을 견뎠는데, 4년 뒤

고향으로 돌아와 이미 다른 남자와 결혼한 과거의 약혼녀에게 이렇게 말한다. "그 섬에서 난 늘 당신과 함께 있었고, 그렇게 함께 있어줘서 고마웠어."

하이데거는 "현존재의 홀로 있음조차도 '더불어 있음' 이다"라고 말했다. 때로는 위로해주고 때로는 미워하며, 또 때로는 무시하다가도 애착을 가지며 '더불어 있음' 을 가지는 존재자가 바로 다른 현존재자들이다. 이러한 타인과 관계 맺음의 방식을 하이데거는 '심려' 라고 했는데, 타인에 대한 구체적인 태도가 긍정적인 마음 씀인가 부정적인 마음 씀인가는 여기서 중요하지 않다. 하이데거에게 타인들과의 근본적인 관계 맺음의 방식과 구조는 '현상' 으로서의 중요성과 가치를 지니는 것이지 그 구체적인 내용까지 규정해주는 것은 아니기 때문이다. 5리를 가자 하면 10리를 가고, 왼쪽 빰을 때리면 오른쪽 빰을 내놓는 심려도 가능하지만, 사람을 죽이고도 꿈쩍 않는 심려도 충분히 가능한 것이다. 다시 말해 마음씀 없는 심려의 그러한 구조적 이중성에도 불구하고 하이데거가 어느 정도 윤리적 지향이 있거나 도덕적 당위를 가진 쪽으로 기울었는지는 잘 알 수 없다. 타자에 대해 우리가 흔해 빠진 독서를 한다면 어떻게 될까? 선입견이든 편견이든 우리는 이 더불어 있는 현존재를 이해하는데, 구조적으로 중립성과 양가성(兩價性)을 가진 심려라는 관계 맺음으로 그런 낡고 진부한 독서를 이겨낼 수 있을까? 아마도 윤리적인 면을 중시하는 이들은 하이데거가 지나치게 가치중립적으로 타자와의 현상을 주목한 것이 아닌가 하는 반감을 가질 것이다. 현존재 중심의 위대한 존재론을 기획한 하이데거가 타자 지향적 윤리학에서 이러한 무심함, 심지어 냉담함을 보여준 것은 생각해볼 여지가 있는 부분이다.

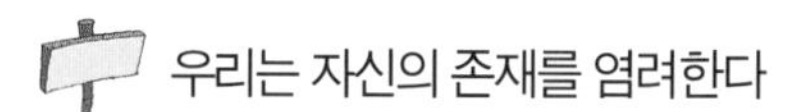

우리는 자신의 존재를 염려한다

서양 철학의 오랜 전통에서 'X는 무엇인가' 라는 물음은 X의 본질을 묻는 물음으로 이해되어왔다. 즉 '무엇' 은 '본질' 인데, 하이데거는 "현존재의 본질은 그의 존재해야 함에 있다"고 말했다. 직업 차원에서건 신분 차원에서건 현존재의 본질은 자신의 무엇임을 문제시하고 그 무엇임을 나름대로 이해하며, 자신이 될 수 있는 그 무엇을 이해하고 그 무엇들 중 하나의 무엇을 자신의 것으로 선택할 수 있는가에 달렸다. 따라서 '무엇'이라는 문제 있는 표현, 즉 강한 실체론적 전통에서 유래한 표현에 얽매이기보다는 "현존재의 본질은 그 실존"에 있다는 것이 하이데거 주장의 핵심이다.

하이데거보다 훨씬 앞서서 '무엇(임)'이라는 표현과 '누구(임)'의 물음을 날카롭게 구분한 이가 있었는데, 바로 아우구스티누스Aurelius Augustinus다. 그의 명저 《고백록*Confessions*》을 보면 '나는 누구인가'와 '나는 무엇인가'라는 물음이 구별되어 다루어진다. 전자는 인간이 자신에게 던지고 묻는 물음이다. '도대체 너는 누구냐?'라고 묻는 것이다. 따라서 질문에 대한 답도 자신이 해야 함은 당연하다. 반면 후자는 신을 향한 물음이다. '신이여 나는 무엇입니까? 나의 본질은 무엇입니까?'라고 묻는 것으로, 아우구스티누스는 신이 인간을 창조하고 만들었으므로 신은 인간에 관한 모든 것을 안다고 생각했다. 신만이 인간이 무엇임을 대답할 수 있다는 것이다. 하지만 내가 자신에게 던지는 나의 누구임에 대한 문제는 신이 대답할 문제가 아니다. 비록 신 앞에서 나에게 스스로 던지는 물음이기는 하지만, 나 자신이 내게 하나의 물음이 되어버린 것이다.

아우구스티누스

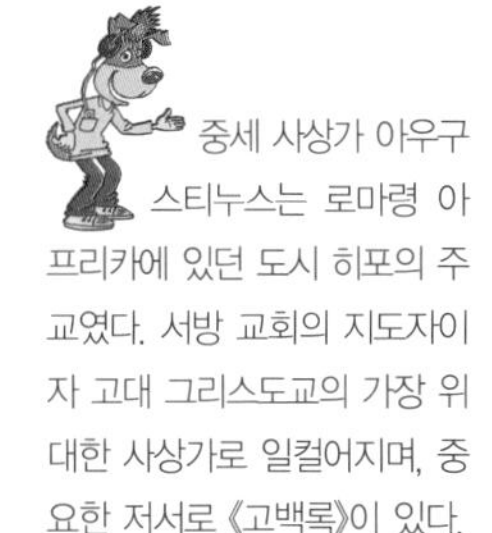
중세 사상가 아우구스티누스는 로마령 아프리카에 있던 도시 히포의 주교였다. 서방 교회의 지도자이자 고대 그리스도교의 가장 위대한 사상가로 일컬어지며, 중요한 저서로 《고백록》이 있다.

전화기나 연필 같은 사물은 그 자신에게 자신의 존재가 문제 또는 물음이 되지 않는다. 그것의 무엇임은 그것을 만든 인간이 규정했다고 할 수 있다. 다른 무엇임의 가능성 때문에 물음을 던지거나 불안해할 필요가 없다. 하지만 현존재에게는 그 자신의 존재가 각자에게 떠맡겨진 셈이다. 그런데 그 각자 떠맡은 존재 부담이라는 짐은 진공이나 백지 상태에서 짊어져야 할 어떤 것은 아니다. 하이데거에 따르면 우리인 현존재는 철저하게 항상 이미 "내던져져 있음"을 견뎌야만 한다. 이미 우리는 어느 정도 우리의 선택이나 결정과 무관하게 우리의 실존에 영향과 힘을 끼치는 세계 속에 내던져진 것이다. 국가, 출생지, 인종, 종교, 문화와 언어, 가족, 심지어 성별 등에 우리 실존 자체가 내동댕이쳐짐을 감내해야만 한다. 이렇듯 이미 내던져진 그 지점에서 자신의 존재 부담을 고스란히 져야 할 존재자가 바로 현존재인 셈이다.

그런 현존재가 다른 도구적 존재자나 현존재도 아닌 바로 그 자신의 존재와 관계 맺는 방식을 하이데거는 '염려'라고 불렀다. 그런데 하이데거가 보기에 '염려'가 가장 심할 때는 바로 자신의 죽음을 진지하게 고려할 때로, 그 점에서 염려와 죽음은 함께 갈 수밖에 없다. 실제로 하이데거 철학에서 이 두 가지는 핵심이라 할 수 있다. 우리는 흔히 우리가 하는 모든 일에 관심을 가지고 기대하며 열정을 다하고, 결과에 실망하거나 그 이유와 원인을 깊이 반성한다. 이 모든 것이 염려의 다양한 일상적 양상이라 할 수 있다. 어떤 형태와 강도로든 자신의 존재를 돌보고 노심초사한다면 그것은 염려하는 것이다. "나는 생각한다. 그러므로 나는 존재한다"가 데카르트를 압축해서 보여주는 명제라면, 하이데거에게서는 "나는 염려한다. 그러므로 나는 존재한다"일 정도로 하이데거에게 염려의 존재론적 무게는 막강하다.

자신의 죽음을 직면하는 자야말로 본래적으로 살아가는 현존재

하이데거는 《존재와 시간》에서 염려를 설명할 때 '염려(쿠라

Cura) 신화' 를 끌어들였다.

강을 건널 때 염려는 점토를 발견했다. 그녀는 생각에 잠겨 한 덩이를 떼어내서는 빚기 시작했다. 빚어낸 것을 바라보며 생각에 잠겼는데, 주피터가 다가왔다. 염려는 빚어낸 점토 덩어리에 혼을 불어넣어달라고 주피터에게 간청했다. 주피터는 쾌히 승낙했다. 염려가 자신이 빚은 형상에 자기 이름을 붙이려 하자, 주피터가 이를 금하며 자기 이름을 주어야 한다고 요구했다. 염려와 주피터가 다투고 있는데 텔루스(대지)도 나서더니, 그 형상에는 자기 몸 일부가 제공되었으니 자신의 이름을 붙이라고 요구했다. 다투던 이들은 사투르누스(시간)를 심판관으로 모셨다. 그는 다음과 같은 얼핏 보기에 정당한 결정을 내려주었다. "그대 주피터는 혼을 주었으니 그가 죽을 때 혼을 받고, 그대 텔루스는 육체를 선물했으니 육체를 받아가라. 하지만 염려는 이 존재를 처음으로 만들었으니, 이것이 살아 있는 동안 그것을 그대의 것으로 삼아라. 그런데 이름 때문에 싸움이 생겼는데 바로 그것이 후무스(흙)로 만들어졌으니 호모(인간)라 불러라."

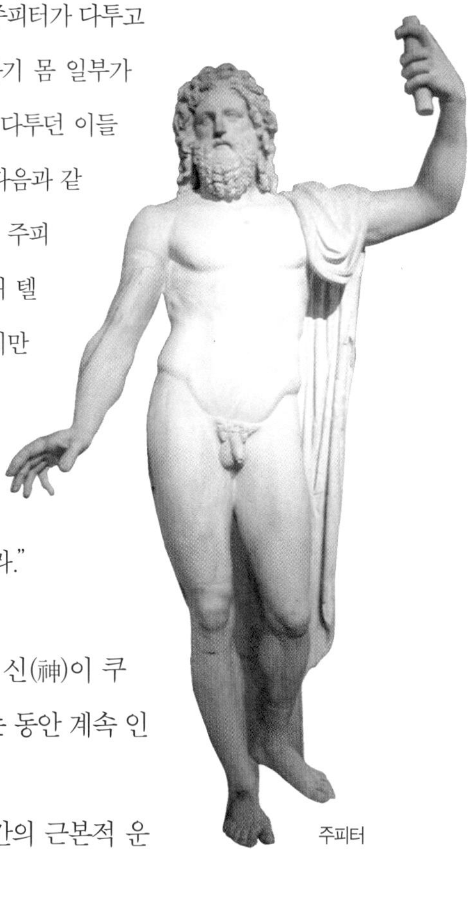

이 염려 신화의 핵심은 인간을 흙으로 빚어낸 신(神)이 쿠라(염려)의 신이어서 그 염려가 인간이 살아가는 동안 계속 인간을 자기 손안에 두게 된다는 것이다.

주피터

그런데 하이데거의 창의적인 면은 염려가 인간의 근본적 운명과도 같음을 밝혔다는 점을 넘어, 현존재가 자신의 삶의 방식과 자신의 존재를 훨씬 심오한 차원에서 진지하게 염려하게 될 때가 언제인지를 명시하고 이를 철저히 다루었다는 점이다. 현존재가 깊은 불안 속에서 자신이 언제라도 죽을 수 있다는, 다시 말해 자기 죽음이 임박해 있으며 그것을 피할 수 없다는 사실을 직시하게 될 때 인간 현존재는 가장 염려적이게 되는 것 아닐까? 따라서 하이데거에게 염려는 죽음과 함께일 수밖에 없다.

하이데거에게 죽음은 현존재가 자신의 가장 고유한 존재 가능성을 불러와 그것과 대면하게 한다. 죽음은 가장 고유하고 각자적인 것이어서, 내가 타인의 그것을 그리고 타인이 나의 그것을 떠맡는다든지 대신한다든지 할 가능성은 전혀 없다. 한마디로 죽음은 다른 무엇으로 대신하거나 누군가 대신해줄 수 없다. 도구적 존재자는 물론이고 눈앞의 것, 그리고 타인인 다른 현존재와의 모든 관련성이 단절되고 오직 자신만이 그 현존재의 '존재 가능성의 불가능성'에 마주해야 한다. 죽음은 현존재의 모든 가능성의 궁극적인 '끝'으로, 현존재가 그것을 넘어 건너갈 수는 없는 절벽과도 같다. 우리는 대부분 죽음이 확실하게 오기는 하겠지만 미래의 불특정의 순간에 일어나는 사건으로 생각한다. 하지만 그런 생각으로는 진정한 현존재 자신의 존재와 마주할 수 없다. 죽음을 이미 와 있으며 이미 닥친 상황으로 파악할 때만 현존재는 자신의 본래성과 전체성을 가장 투명하고 명징하게 받아들일 수 있다. 죽음을 넘어 또 다른 존재 가능성으로 달려갈 수 없는 이상, 현존재는 자신의 죽음을 "앞질러 달려가 보는 결단성"을 통해 가장 근원적이고 본래적

하이데거는 우리 자신의 기원에 관한 수수께끼를 알려면 어디로 가야겠느냐고 자문하고는 '묘지' 라고 대답했다.

이며 전체적인 자신의 진면목을 획득한다는 것이다. 일상에 빠진 우리는 대개 다른 현존재와 함께 있음에 신경 쓰고 도구 존재자를 능숙하게 조작하고 사용하는 데 열심이다. 그러면서 자신의 죽음 앞에서 철저하게 오직 자신만으로 개별화되고 개체화되는 것을 두려워한다. 마치 모든 사람에게 죽음이 일어나겠지만 그 어떤 존재자에게도 고유하게 일어나는 일은 아닌 것처럼.

이렇게 하이데거 여행을 모두 마쳤다. 1961년의 강의에서 하이데거는 우리 자신의 기원에 관한 수수께끼를 알려면 어디로 가야겠느냐고 자문하고는 '묘지' 라고 대답했다고 한다. 죽음이 존재에 대한 물음에 가장 근본적인 빛을 던져주기 때문이 아닐까? 또 하이데거는 "사람은 태어나자마자 이미 죽기 충분할 만큼 나이를 먹었다"라는 말로 존재와 죽음의 진정한 연관성을 다소 역설적으로 표현하기도 했다. 사실 그의 죽음에 관한 성찰을 잘 들여다보면, 그것은 전부 삶에서 출발해 다시 삶으로 돌아오는 구조다. 악순환이 아니라 긍정적인 선(善)순환 구조로 짜인 조금 진지한 철학놀이. 그래서 죽음에 대한 우려할 만한 편견과 달리 하이데거에게 죽음과 삶은 완벽히 공존 가능하며, 오히려 가능한 존재 방식들 중 탁월한 것으로 간주되는 듯하다. 현존재인 나를 나 아닌 것에서 불러 세워 나를 진정 나이게 하는 것이 오직 나의 죽음이라는 것이 그가 하고자 한 말일 것이다. 즉 나 자신의 삶을 온전히 나의 것으로 만드는 것이 궁극적으로 나의 죽음이다. 매번, 매순간이 나의 마지막 순간일 수 있다는 존재 깊은 곳에서 울리는 느낌과 자각은 실제로 나의 사소한 일상에 대한 집착과 타인들이 기대하는 삶의 압박에서 나를 해방하고 자유롭게 하지는 않을까? 가장 부자유함을 줄지도 모른다는 막연한 두려움의 대상이던 죽음은 이제 나의 자유함의 조건이 되는 것이다.

3. 사르트르—인간 실존 그 자체가 자유임을 밝히려는 철학

제2장은 현상에서 시작해서 실존으로 옮겨오게 구성되어 있는데, 사르트르(1905~1908)에게서 우리는 확실히 실존에 닿았다. 하이데거가 위대한 존재론적 기획과 탁월한 천재성에도 불구하고

현대 철학자들의 정치 지형도에서 어두운 위치에 있었던 반면 사르트르는 지식인 또는 지성인에 대한 명료하고도 감동적인 정의를 내리며 그것을 몸소 실천에 옮긴 사람이었다. 자신의 전문 분야에 대한 능력과 성실함은 기본적인 필요조건이겠지만, 그것만으로 지식인의 충분조건이 확보되지는 않는다. 사르트르 이후로 사람들은 지식인이란 자기 전문 분야 외에 다른 사회적 삶의 영역과 장(場)에서 현안에 대한 명징한 입장과 태도를 가지고 참여하는 사람이라고 정의하기 시작했다.

베트남 전쟁

더구나 사르트르는 레지스탕스 활동, 베트남 전쟁 반대, 알제리 전쟁 반대, 노동자들을 위한 지지 집회 등에서 그러한 모범을 보여줌으로써 20세기의 가장 모범적인 지식인의 상징이 되었다. 그런 맥락에서 이미 사르트르는 어느 정도 신화가 되었다고까지 할 수 있다. 사르트르는 또 하나의 신화가 된 인물 체 게바라Che Guevara를 "우리 시대의 가장 전인적(全人的) 인간"이라고 평했다. 사르트르가 말하는 전인성 또는 온전한 인간됨이 무엇인지를 본격적으로 고민하고 알아보기 전에 낮에는 혁명에 종사하고 밤에는 괴테를 탐독한 체 게바라의 시 〈나의 삶〉을 읽어보자.

내 나이 열다섯 살 때,

나는

무엇을 위해 죽어야 하는가를 놓고 깊이 고민했다.

한때(적어도 1980년대까지) 사르트르에 대해 준엄한 평결이 유행했는데, "정치적으로는 항상 올바른 편에 서 있지만 철학적으로는 그렇지 못한"이다. 사소설, 희곡, 신문의 기고, 거리의 시위 참가, 각종 연설을 통해 그는 당대 지식인이나 시민들이 가야 할 분명한 정치적 노선을 몸소 제시했었다. 베트남 전쟁, 알제리 전쟁 등이 대표적이다. 그래서 그의 주변에는 많은 철학자, 문인, 예술가 들이 함께했었다. 정치적으로 그는 칭송받아 마땅했다. 하지만 철학적으로는 실존주의의 유행을 가져온 장본인으로, 반드시 공부해야 할 철학자로 꼽히지만 실존주의 이후 구조주의의 등장과 메를로 퐁티 같은 철학자들의 비판을 통해 그의 철학적 영향력은 급속하게 감퇴되었다.

그리고 그 죽음조차 기꺼이 받아들일 수 있는

하나의 이상을 찾는다면

나는 비로소 기꺼이 목숨을 바칠 것을 결심했다.

먼저 나는

가장 품위 있게 죽을 수 있는 방법부터 생각했다.

그렇지 않으면

내 모든 것을 잃어버릴 것 같았기 때문이다.

문득

잭 런던이 한 옛날이야기가 떠올랐다.

죽음이 임박한 주인공이

마음속으로

차가운 알래스카의 황야 같은 곳에서 혼자 나무에 기댄 채
외로이 죽어가기로 결심한다는 이야기였다.
그것이 내가 생각한 유일한 죽음의 모습이었다.

쿠바의 체 게바라 벽화

이 시는 하이데거의 죽음론을 이야기할 때 등장할 만한 시로 보일 수도 있다. 하지만 이 시가 죽음만을 이야기한다고 말할 수는 없다. "무릎을 꿇느니 차라리 죽는 것을 택하겠다"고 말했으며 "가슴속에는 불가능한 꿈을 꾸는 리얼리스트가 되자"고 수없이 다짐한 혁명전사가가 바로 게바라다. 그에게 '죽음'과 '불가능한 꿈'은 결국 구체적인 현장에서의 삶을 우선시하고 이를 위해 반드시 요구되는 선택과 결단을 중요하게 생각하겠다는 강한 전인적 의지가 담긴 표현으로 봐야 한다. 게바라가 사르트르의 주목을 끈 이유가 나중에 본인이 자기 사유의 필연적 요청으로 이해한 마르크스주의 때문이라고만 생각해서는 안 된다. 철저하게 명료하며 자각적인 자유에 기반을 둔 실존주의를 주창한 사르트르의 철학에서 보자면 체 게바라야말로 가장 온전한 인간에 가까울지도 모른다. 죽음조차 자유로운 결단과 선택의 한 양상일지 모르기 때문이다.

사르트르는 2차 대전 후에 《변증법적 이성 비판》이라는 책을 내놓았다. 그는 거기서 개인적 결단과 의지적 행위를 강조하던 자신의 이전 철학을 비판하고, 역사와 체제를 고려하는 대안적인 철학을 제시하는데 그것이 바로 마르크스주의 변증법적 유물론이다. 그는 당대의 유일한 철학으로 변증법적 유물론을 제시하는데 아직 소련 공산주의 혁명의 실상과 정체가 제대로 드러나지 않은 상태에서 마르크스주의에 대해 지나치게 낙관적인 전망을 내놓은 것이 아닌가 하는 비판을 나중에 받게 된다.

인간 실존의 핵심은 바로 자유다

실존주의를 대표하는 사르트르의 긴 강연 제목은 '실존주의는 휴머니즘이다'다. 여기에서 '~주의'를 빼면 실존과 휴먼이 남는다. 과연 실존과 휴먼은 같은 것인가? '인간 실존'이라고 말한 이상 그 질문에는 긍정해야 한다. 이때 '인간'이라는 말이 나타내는

인간의 모습은 본질이자 보편, 또는 어떤 체계로서의 인간을 가리키는 것이 아니다. 예를 들어 보편적인 사유 주체로서의 데카르트의 코기토나 보편적 이성이 아닌 것이다. 어떤 것을 설명하기 위해 보편적 요소를 지닌 '인간'이라는 개념에 의지한다 해도 실존주의자들이 말하는 '인간'은 철저하게 고정된 불변적 본질에 반하는 것이자 반(反)보편적인 것이며, 반체계적이다. 이렇듯 어떠한 본질, 보편, 체계로도 환원될 수 없는 개별성과 구체성을 구비한 인간 주체적인 현존을 가리켜 인간 실존이라 부른다. 광물 실존, 식물 실존이나 동물 실존을 말할 수 없는 이상, 인간 실존이라는 말은 하나의 동어반복이다.

우선 사르트르에게 실존의 반대 개념은 '본질'이다. 또한 그는 인간에게는 "실존이 본질에 앞선다"라고 주장했다. 사르트르가 보기에 본질 개념은 인간이나 또 다른 누군가에 의해 미리 설계되고 정해진, 일정한 목적을 위해 조직되고 만들어진 존재자들의 성질이나 속성을 가리킬 때 사용하는 개념이다. 신이 미리 설계된 하나의 모델과 목적에 따라 인간을 창조했다고 말해지는 이상, 신은 인간의 본질을 말할 수 있을지도 모른다. 하지만 신을 인간의 제작자나 창조자로 고려하지 않는 사유에서는 누구도 인간의 본질을 말하기 어려워진다. 물병이나 컵 또는 필기구는 어떤가? 그것들은 탁자 위에 놓여 있기 이전에 제작자의 생각과 목적에 따라 설계되고 고안되었을 것이다. 보는 이에 따라 목적을 달리하고 다르게 사용할 수는 있으되, 의도를 가지고 만든 이가 없다거나 목적 자체가 없다고 말하는 사람은 없다. 컵은 동전을 담아둘 수도 물을 담을 수도 있지만 무엇을 담는다는 목적과 무관하게 존재하기란 어렵다. 이런 의미에서 그것들에게는 그 자신이 또는 그 자체가 무엇이어야 하며 무엇일까 하는 존재 부담이 없다. 그래서 그것들에게는 오히려 '실존' 이라는 것이 허락되지 않고 '본질' 이 허락될 뿐이다.

그런데 인간은 이것이나 저것으로 존재하기 이전에, 이것일까 저것일까를 스스로 결정한다. 역설적으로 인간에게 본질을 말할 수 있다면 그의 본질은 실존이다. 따라서 인간에게 자신의 실존은 자신에게 맡겨진 것으로, 전적으로 그의 자유다. 인간과 사물(또는 도구)은 인간이 그것을 사용하거나 소유하거나 아니면 타인에게 양도하거나 할 수 있는 관계에 놓여 있다. 그렇다면 인간과 그 자신의 실존은 어떠한 관계에 놓여 있는가? 사용하거나 소유하거나 양도하거나 사고팔 수 있는 관계일까?

그런데 인간의 '본질' 이 아니라 '실존' 이 맞는 표현이라 해도 인간의 자유는 결코 어떤 진공 상황 속에 있는 것이 아니다. 인간은 자신의 몸, 과거, 친구와 적, 어려운 장애와 유리한 조건을 가지고 실존하며, 바로 그런 "상황에 처해" 있으면서 자신의 자유를 가진다. 사르트르에 따르면 인간은 자신의 현재 상황에 자신의 의도와 미래에 대한 목표를 투영하면서 어떤 상황이든 바로 그 상황을 자신의 자유로운 행위 동기로 만들어나간다. 그래서 그는 "우리(프랑스인들)가 독일 점령하에서보다 더 자유로웠던 적은 일찍이 없었다" 라고 말했다. 달리 말해 그런 어려운 상황이란 그 자체로 절대적인 조건이 아니다. 오히려 상황이 어려울수록, 그 상황이 문제적이고 절박하고 긴박할수록 그것은 내 자유로운 선택을 더욱 부

기투projet란 자유로운 대자 존재가 자신의 의지와 결단을 통해 스스로를 자신이 하고자 하는 바에 내던진다는 의미로 이해하면 된다.

각하고 돋보이게 하는 거울이 된다. 이런 의미에서 미래에 대한 계획과 선택에 자신을 참여시키고 던진다는 의미의 기투(企投)에 의해 현재 상황을 극복하는 것을 사르트르는 '인간의 초월성'이라 불렀다. 인간이 자유롭다는 것은, 사르트르적으로 보면 그 상황 아래에서 그 상황을 넘어서기 위해 선택한다는 점에서 그러하다.

더 나아가 그는 인간이 자유롭도록 선고받거나 저주받았다고까지 말했다. 자유로움을 포기하는 것까지도 자유롭게 선택하도록 허락된 마당에 인간 실존이 자신의 자유로움을 벗어날 기회나 조건을 찾기란 전적으로 불가능하다. 매순간, 매번 인간은 선택한다. 심지어는 선택하지 않음까지도 여러 선택 가능성 가운데 하나로

받아들인다. 아무것도 하지 않는 것 또한 선택이라는 것으로, 따라서 우리의 선택은 부단하며 끝이 없다. 죽음이 우리를 선택의 감옥에서 해방해주기까지는 말이다. 매번 자유로운 결단을 내리고 그것이 나를 형성해간다면 나의 삶은 그 부단한 선택에 따라 변해가고 형성되어가는 것이므로, 나의 부단한 결정과 선택이 나의 현재를 변화시켜나간다고 할 수 있다.

'너는 누구냐' 고 실존주의자들은 묻는다. 그들의 실존주의 강령과 프로그램에 따라 말한다면 대답은 이렇다. "나는 나의 자유로운 선택과 결정 이외의 그 어떤 것도 아니다." 우리는 이런 자유함을 '극단적' 이라고 해야 하지 않을까? 이렇게 극단적이고 심지어 잔혹하기까지 한 자유에서 우리가 언제쯤 해방될 수 있을까? 아마 나의 부단한 결단으로 이어지는 삶이 끝나는 순간 우리는 극단성과 잔혹성에서 해방될 것이다. 그때가 되면 "실존이 본질에 앞선다"는 실존주의자들의 명제는 이렇게 수정되어야 할 것이다. "나의 존재는 나의 실존이기를 그만두고 하나의 본질이 된다." 더 선택할 것도 그것이 되지 않아 후회하고 고민할 필요도 없다. 더 이상의——자신에 의한, 자신을 위한, 자신의——가능성이 없는 굳은 현실이 되는 것이다. 다만 죽은 자들은 더 이상 그 자신에 의해서가 아니라 아마도 살아남은 자들에게 시달릴지도 모른다. 살아남은 자들이 자신들의 기획과 선택을 위해 죽은 자들의 이야기를 가져다가 사용할 것이기 때문이다.

즉자 존재인 사물과 대자 존재인 인간

여기까지 읽어온 여러분들은 아마 낯선 용어가 너무나 많아 읽어내기 힘들다고 생각할지도 모르겠다. 그러나 어떤 철학을 안다는 것과 한 사람의 철학자를 알아간다는 것은 그 철학 용어들과 그 철학자의 개념들을 알아가고 익숙해지는 일에 다름 아니다. 이런 점에서 20세기의 아리스토텔레스라 불리는 현대 프랑스 철학자 들뢰즈는 "철학은 새로운 개념을 만들어내는 것"이라고까지 말했다. 인간의 삶과 현실을 바다에 비유한다면 철학자는 어부에 비유되고, 그가 그토록 애지중지하는 개념(또는 범주)은 바다에 던지는 그물과도 같다. 그 그물은 너무 성글어도 안 되고, 너무 촘촘해도 안 된다. 너무 성글면 바다에서 건져 올리는 것이 없을 것이고, 너무 촘촘하면 물고기 말고도 다른 부유물이 함께 올라와 이것들을 다시 분류해야 하므로 그물로서의 역할을 제대로 하지 못할 것이기 때문이다.

즉자 존재(卽自存在, l'être-en-soi)와 대자 존재(對自存在, l'être-pour-soi)라는 그물로 사르트르는 무슨 고기를 낚으려 한 것일까? '즉자 존재'에서의 '즉(卽)'은 '바로', '곧', '지체 없는'이라는 뜻으로 이해하면 된다. 예를 들어 '즉시', '즉각', '즉결 처분'에서와 같이 말이다. 그런데 그런 '당장에', '지연 없는' 것이 임하는 영역이나 자리가 어디냐 하면 바로 '자(自)', 즉 자신이다. 자신에게 한 순간의 지체 없이, 한 점의 거리 없이 바로 임하고 머물러 있는 존재자 또는 그런 존재자의 존재 방식이나 존재 양식이 '즉자 존재'다.

반면 '대자 존재'에서 '대(對)'는 '마주하는', '맞서는', '대답하는', '짝을 이루는', '적수(상대)를 이루는' 등의 의미다. 그러므로 대자 존재란 자신을 마주하는 존재자, 자신에게 맞서는 존재자, 스스로 대답하고 이에 상대하는 존재자 또는 그런 존재자의 존재 방식이나 존재 양식이다.

사르트르는 나를 둘러싼 모든 상황은 오직 나의 자유로운 기투와 결단으로만 그 의미를 얻는다고 말하고자 한 것이 아닐까. 그 상황과 기투와 무관하게 존재하는 존재가 있다고 생각해보자. 가령 방 안에 돌멩이가 하나 있다고 해보자. 의자라 해도 상관없다. 그 돌멩이와 의자는 그것들을 둘러싼 상황이나 다른 존재자와는 무관하게 그 자체로 존재한다. 그들은 단지 순수하게 그리고 단순하게 그것들로 존재할 뿐이다. 돌은 무게라는 성질이 있고 의자는 무엇인가를 지탱해주는 기능을 하지만, 그들에게 그들 자신의 '내면'이나 '가능성' 따위는 존재하지 않는다. 철저하게 자기 완결적이고 자기 폐쇄적인 방식으로 자신에게 머무른 채로 딱 달라붙어 있으면 그것으로 족하다. 하나의 사물이 지닌 본성이 무엇인지는 논란이 있을 수 있지만 그 본성 외에 다른 것으로 존재하기를 요구받는 사물을 찾기란 매우 어렵다. 우리는 이런 존재 방식을 즉자적으로 존재한다고 말한다. 따라서 사물은 그 본질에 따라서 존재하면 될 뿐 그 이외의 다른 무엇이 될 가능성도, 소명도, 의무도, 당위도, 소망도 심지어는 그런 불안도 없다.

의자는 그것들을 둘러싼 상황이나 다른 존재자와는 무관하게 그 자체로 존재한다.

하지만 인간인 우리는 다르다. 사르트르는 "나는 나의 본질이 아니다"라고 단호하게 말했는데, 왜 그렇게 보았을까? 사르트르에게 인간이란 엄밀히 말해 그런 본성이 없다. 사물은 '존재' 하는 반면 인간은 '실존' 하는데, 실존을 더 정확히 옮기자면 '탈존(脫存)'이라 할 수 있다. 즉 나는 나를 이루는 본질, 나의 나 된 본질에서 벗어나고 탈출하는 방식으로 존재한다. 조금 과장되게 말하면 나의 몸, 나의 성격, 내 삶의 조건들까지도 벗어나 헤쳐 나올 수 있다는 것이다.

그렇다면 탈존이라는 존재방식을 통해 인간으로 하여금 대자적으로 존재하게 하는 것은 무엇일까? 사르트르는 그것이 의식conscience이라고 보았다. 인간은 의식을 통해 그 자신에 대(對)해 존재하고, 그 자신에 마주한 채로 존재하며, 자신을 상대하며 존재한다. 가령 내가 슬프다는 의식을 가진다고 해보자. 이런 의식은 내가 나의 슬픔을 나의 자아나 의식 앞에 하나의 대상으로 세워놓는 것이 아니고 무엇이겠는가? 슬픔의 지향성, 다시 말해 슬픔이라는 것을 내가 하나의 대상으로 의식한다고 말할 수 있지 않을까? 조금 극단적으로 말하면, 내가 다른 누군가를 보듯, 슬픔의 기운에 동요되어 오열하는 나의 소리를 내가 목격하는 것이다. 그런데 여기서 슬퍼하는 나와 그 슬픔을 의식하는 나는 같은 나가 아니다. 물론 수적으로는 동일한 하나의 나지만 존재론적으로는 서로 상이한 나다. 대자적으로 존재하거나 실존한다는 것은 더 이상 자신에게만 딱 달라붙어 조금의 반성적 거리도 취하지 못한 채 눌러앉아 있는 것이 아니다. 한 순간도 자신과 일치하지 않는 상태로,

그리고 자신이 그 자신이 아니게끔 저주받은 방식으로 존재하거나 실존하는 것이 '대자적'의 의미일 것이다. 조금 달리 말해보자면, 대자 존재는 "~ 인바 그대로, 존재가 아닌 존재"이며, "~가 아닌 바 그대로인 존재"다.

이는 조금 모호한 표현으로 느껴질 수도 있다. 그렇다면 이렇게 생각해보자. 우리가 사는 우주가 빅뱅으로 탄생한 것이 지금으로부터 대략 200만 년 전에 가깝다는 것이 정설인데, 그 이후로 의식을 가진 인간 존재자에 대한 나름의 독특한 규정들이 사르트르에 의해 창안되었다고 상상해보자. 그것이 어렵고 낯설다고 한쪽으로 치워버린다면 인간과 그 자신에 대한 사유까지 포함하기 마련인 우주 진화의 역사를 무시하는 것 아닐까? 어렵다고 말하기 전에 밖에 나가 하늘과 구름과 태양, 그리고 달과 별을 보자. 우주 진화의 정점을 스스로 보여주는 존재들 가운데 그 의미가 쉬이 읽히는 것은 잘 없다. 그렇지 않다면 사르트르는 과장법을 사용하고 있는 것이 틀림없다. 끊임없는 자신과의 불일치와 불화, 거리, 다시 말해 자기와 자기 사이의 빈틈과 빈 공간이 바로 사르트르가 말하는 무(無, le néant)다. 달리 말하면 그것은 자유이기도 하다. 의식은 항상 현재 있는 그대로의 자신이 아님을 발견하게 한다. 만약 그렇지 않다면 의식은 즉자 존재의 운명을 피할 길이 없다. 의식은 자신을 초월하는 과정에서 늘 이전의 자기 모습을 무화하며 나아가는 것이다. 그럼으로써 얻고자 하는 것은 무엇일까? 이것이 바로 대자 존재에게 결핍된 '자신' 아닐까?

그런데 의식이 자신과 무(無)의 거리를 가지는 것이야말로 대자 존재의 운명일 텐데, 만약 의식이 자신의 총체성을 확보하고 자기 충만한 상태에 이르러 자기와 영원히 일치하게 된다면 어떨까? 자신과 무의 거리를 조금도 발견하지 못하고 그러면서도 자신을 깨달으며 존재하는 상태는 어떤 상태일까? 그것은 신의 존재 방식이 아닌가? 사르트르의 용어를 빌리면 "즉자-대자의 융합"인데, 물론 이것은 자유롭도록 저주받고 선고받은 인간의 길은 아니다.

즉자 존재는 무엇이라 규정된 채로 그 자신을 한 번도 초월하거나 벗어나지 않아도 된다. 그런데 즉자 존재가 반드시 사물이나 도구에 국한되지는 않는다. 자신의 부재와 결핍을 알지 못하는, 안다 하더라도 그것을 무시하고 진지하게 받아들지 않는 존재자는 모두 즉자 존재이며 실존의 방식으로 살아가는 존재자가 아니다. 비록 그가 생물학적으로 인간이고 유전적으로도 동일한 인간 종으로 분류된다 해도 그는 즉자적으로 존재하는 존재자다. 마찬가지로 대자 존재가 반드시 생물학적으로 인간일 필요는 없을 것이다. 규정적인 자신의 부재, 한정된 자신의 결핍을 견뎌내고, 자유롭기를 그만둘 자유조차 허용되어 있지 않음을 자신의 운명으로 받아들이는 존재자는 모두 대자 존재인 것이다. 대자 존재는 그 부재와 결핍을 안은 채 자신의 삶을 스스로 창조해나갈 수 있다. 물론 사르트르는 인간이 그런 대자 존재임을 믿어 의심치 않았다.

자기기만을 일삼는 의식과 그에게 지옥인 타자

우리는 체 게바라를 시작으로 사르트르가 말하는 전인성 또는 온전한 인간됨이 무엇인지를 보여주기 위해 자유와 실존, 즉자 존재와 대자 존재 사이의 차이를 이야기해왔다. 체 게바라는 산속에서 자신의 애마를 죽여 고기를 나눌 때 자신에게 한 점의 고기를 더 준 취사병을 다음과 같이 준엄하게 꾸짖었다. "한 사람의 호감을 얻기 위해 많은 사람의 평등을 모욕했다." 체 게바라의 이 말은 우리에게 인간이 자신의 밥그릇만 찾아 헤매는 초라한 존재가 아니라 진정 위대한 자각적 존재임을 일깨운다. 즉자성을 단번에 물리치고 자신의 대자성을 깨달아, 그 불일치를 부단히 초월하며 가로지르는 사르트르적 인간성의 상징으로 체 게바라는 손색이 없다 할 것이다.

그런데 체 게바라처럼 자기 의식적이고 자각적이며 대자적인 존재가 그렇게 많을까? 그런 존재는 한 시대에 몇 명에게만 허용되는 것 아닐까? 우리의 대자성은 그런 뛰어난 존재를 차라리 외면하고 싶을 정도로 미약할지도 모른다. 사르트르는 그렇듯 본래 지녀야 할 대자성을 유지하지 못하고 자신을 즉자 존재와 동일시하려는 태도를 자기기만 개념으로 설명했다.

흔히 일상적 차원에서 발견되기도 하는 의식의 부주의한 상태로서의 무의식적 상태나 무의식 개념을 거부하던 사르트르는 공포나 수줍음, 은밀한 욕망의 표출과도 같은 즉자적 성질을 띤 행위에 자기기만 개념을 가지고 접근했는데, 공포를 예로 들어보자. 동물원에서 탈출한 사자 앞에서 기절을 한다고 해보자. 사르트르에 따르면 객관적으로 위험을 제거할 힘이 없는 상태에서는 주관적으로

나의 의식을 제거함으로써 기절을 선택한다. 즉 의식이 외부의 위협 아래 자신의 긴장을 스스로 대면하면서 견디지 못할 것 같아 보이자 기절을 선택하는 것이다. 이런 기절을 자신의 결단과 선택으로 여기지 않는 것은 사르트르가 보기에 자기기만이다. 그의 주저 《존재와 무*L'être et le néant*》에는 또 다른 유명한 예가 나오는데, 애인 앞에 내민 손을 하나의 사물로 만들어버리면서 자신을 속이는 상황이다.

> 그러나 이제 남자는 여자의 손을 잡는다……이 남자에게 자신의 손을 내맡긴다는 것은 사랑의 유희에 동의하며 거기에 참여한다는 것을 의미한다……이 젊은 여인은 남자에게 손을 맡기지만, 자신이 자신의 손을 그에게 맡긴다는 사실을 알아채지 못하는 이유는 우연히도 그녀가 이 순간에 전적으로 깨어 있는 상태이기 때문이다……그러는 사이에 육체와 영혼의 분리는 완성된다. 그녀의 손은 남자의 따뜻한 두 손 사이에서 조금의 움직임도 없이, 즉 동의도 하지 않고 그렇다고 반항도 하지 않은 채 놓여 있다. 그 손은 하나의 사물이다. (《존재와 무》)

사르트르는 하이데거가 시도한 것과 같이 (현존재와 다른 존재자의) 존재의 현상을 구출하려는 것이 아니라, 의식의 현상을 기술하려 한다는 인상을 준다. 후설이 의식 내에서 의식이 체험한 것의 본질을 기술하려 한 반면 사르트르에게서는 의식 스스로가 기술의 대상이 되는 것이 현상학적인 의미의 본질 기술이 없다고 말할 수는 없지만 지나치게 의식 중심적 사유에서 벗어나지 못하는 것이다.

그런데 위의 인용에서처럼 그는 자기기만을 대자적 인간이 피해 나갈 수 없는 질곡이나 한계로 설정하는 것이 아니라, 의식적이지 못하고 자각적이지 못한 삶의 기만적 태도라고 비난했다. 오히려 그의 입장에서 자기기만은 왜곡되고 병리적인 대자 존재의 한 표현으로, 대자 존재와는 다른 구조와 힘의 관계에서 유래하는 불가피한 측면의 인간 조건으로 파악하지는 않았다. 이런 의식 중심적 사유와 나의 의식을 세계 이해의 유일한 출발점으로 삼는 1인칭 중심적 사유는, 나의 의식이 여전히 모든 것의 준거점이 되는 근대적 사유 틀을 벗어나지 못했다는 인상을 준다.

나의 의식에서 시작해 세계를 인식하고 파악하는 이런 사유 구도에는 또 하나의 큰 철학적 장애가 있다. 바로 타자의 문제로, 타자를 이해하는 출발점은 항상 나에게 문제가 되는 타자다. 사르트르에 따르면 "타자는 나를 바라보는 자"다. 내가 세상을 바라보는 기준이 되는 세계에서 나를 바라보는 타자가 나타나면 나는 오히려 그에 의해 바라보이는 존재가 되는 역전 현상이 생긴다. 그러면 나의 이 기준에 작은 균열과 구멍이 생겨나는데, 그 지점이 바로 타자다. 타자가 중심이 되어 꾸미는 세계에서 나는 나의 고유한 자리를 차지하기보다는 객체에 불과하다. 잠시 사르트르의 말을 들어보자.

타자의 시선에 의해, 나는 세계 한복판에 응고된 것으로, 위험에 처

> 한 것으로, 치유될 수 없는 것으로 살아간다. 그러나 나는 내가 무엇인지, 세계 속의 나의 자리는 어떤 것인지, 내가 있는 이 세계는 타자에게 어떤 얼굴을 돌리고 있는 것인지를 알지 못한다. (《존재와 무》)

이렇듯 타자는 나와 함께 세계 체험의 준거점과 주인공 자리를 놓고 다투는 존재로, 나를 끊임없이 주시하고 시선을 던지는 자다. 이런 점에서 타자를 두고 사르트르는 '지옥'과도 같은 존재라고 했다. 하지만 이런 타자론은 너무나 부분적이고 추상적이며 심지어는 유아론(唯我論)적이어서 인간의 구체적인 삶에서 서로를 가리키고 호명하고, 말하고 행위를 주고받으며 그 행위로 서로를 가치평가하고 따지는 존재로서의 타자를 다루는 것이 결코 아니다. 하지만 내가 나 자신에 대해 가지는 의식의 거리에 발생하는 빈틈과 불일치로 고민하고 그것을 메우려 초월하고 기투하는 대자 존재에게 타자란 얼마나 멀게 느껴지고 덜 친밀할까를 생각해보자. 그러면 사르트르의 타자론이 그리 이해가지 않는 것도 아닐 것이다. 그의 타자는 나의 관찰과 기술의 그물과 격자에 걸려 들어온 타자일 뿐이다.

유아론이란 말 그대로 나의 존재 또는 자신의 존재 이외에 다른 존재에 대한 믿음이나 확신이 없다는 주의를 뜻한다. 이는 관념론보다 조금 더 과격한 이론인데, 관념론은 세계나 대상이 우리 의식이나 관념에 의존적이어서 그 대상의 존재 여부는 물론 성질, 가치, 의미 등이 의식을 매개하지 않고는 밝혀질 수 없다거나 드러날 수 없다는 주장을 펼치는 주의다. 따라서 유아론에서는 나의 의식이나 관념에 매개된 대상만이 진정한 것이고 다른 의식들과 그것에 매개된 대상들의 존재 여부를 부정하거나 의심한다.

혼자 해보는 철학 1

1. 철학은 옛날부터 엄밀한 학문, 즉 원리들에 근거를 둔 정확하고 보편타당하며 절대적으로 명증적인 학문이 되고자 노력했다.
2. 이러한 노력으로 이룬 유일한 성과는 수학 분야들과 함께 자연 과학과 정신 과학의 기초를 엄밀하게 세워 독립시킨 것이었다. 경험 과학과 비교해서 철학이 어떠한 특징과 고유한 목적을 제시해야만 하는지에 대한 문제는 명료하지 않은 채로 남아 있으며, 지금도 논쟁 중이다.
3. 모든 학문 가운데 가장 높고 엄밀한 의도를 지닌 철학은, 순수하고 절대적으로 보편적인 통찰들을 요구하는 한 결코 학문이 될 수 없다.
4. 철학은 경험 과학처럼 '불완전한' 학문이 아니며, 학문이 되고자 하는 목적에 있어 아직 어떠한 출발도 하지 않았다.
5. 철학은 미완의 불완전한 학설 체계를 취급하는 것이 아니라, 일반적으로 어떠한 학설 체계도 취급하지 않는다.
6. 수백 년에 걸친 작업은 매우 위대한 것을 수행했을지도 모른다. 그런데 이 모든 것은 인간이 그 각각의 학설들을 비판적으로 변경함으로써가 아니라 진정한 근본 토대를 실행함에 따라 비로소 실제적으로 이용할 수 있게 된다.
7. 이러한 점을 강조하는 것은 중요하다.
8. 이렇게 분명히 해명하는 일은 의심을 통해 확실해진 기초를 가지고 아래에서

부터 철학의 기초를 세우는 일에 착수할 것을 우리에게 의무로 부과하기 때문이다.

9. 이러한 의무는 결코 새로운 것이 아니다. 과거에도 탐구는 참된 출발(원리 arche), 결정적 문제의 정식화, 정당한 방법 등으로 향해 있었다.

—후설, 《엄밀한 학문으로서의 철학*Philosophie als strenge Wissenshaft*》

자신의 철학관을 설명한 《엄밀한 학문으로서의 철학》에서 후설은 철학이 수학만큼이나 확실하고 자명해야 한다고 밝혔다. 결코 의심할 수 없는 것을 탐구하는 것은 철학의 영원한 숙제와 같은 것인지도 모른다. 모든 것이 불확실하다고 떠들어대는 시대에, 후설은 인간의 의식 안에 나타나는 현상들의 존재만은 결코 의심할 수 없다고 보았다. 공책에 그려진 삼각형은 그것이 내 의식 속에서 삼각형 자체 내지 삼각형의 본질을 구성하는 데 이르지 못한다면 아직 '현상'이라 불리지 못한다. 그런데 외부에 드러나는 다양한 현상들, 즉 정치 현상, 사회 현상, 경제 현상 등을 다루는 경험 과학과 현상학은 어떻게 다를까?

또한 보편타당하고 의심할 수 없는 토대나 기초를 쌓겠다는 것이 후설의 철학관이다. 다시 말해 그는 의심을 통해 확실해진 기초를 가진 철학을 꿈꾸고 있다. 여러분의 일상생활에서 어떤 것을 의심해봄으로써 더 확실하게 알게 된 경우가 있다면 그 예를 찾아보고 의심과 확실성이 가지는 관계에 대해 논해보자.

혼자 해보는 철학 2

그리고 초월의 근원은 이런 것이다. 즉 인간 실재는 자기가 결여해 있는 전체를 향하는 자기 뛰어넘기다. 인간 실재는 자기가 현재 있는 것으로, 앞으로의 특수한 존재를 향해 자기를 뛰어넘는다. 인간 실재는 먼저 존재하다가 나중에 가서 이것이나 저것을 결여하는 그런 무엇인가가 아니다. 인간 실재는 먼저 결여로서 존재하고, 자기가 결여하는 전체와의 직접적 · 종합적 연결로서 존재한다. 그러므로 인간 실재를 눈앞의 세계에 출현하게 하는 순수한 사건은 인간 실재가 자신의 결여로서 그 자체를 파악하는 것이다. 인간 실재는 자기의 존재로 도래하는 데 있어 불완전한 존재로서 자기를 파악한다. 인간 실재는 자기가 결여하는 특이한 전체, 인간 실재가 그것으로 있지 않는 형태의 특이한 전체, 인간 실재가 그것으로 있는 특이한 전체의 모습에서 자기가 있지 않는 한에서의 존재로서 자기를 파악한다. 인간 실재는 자기와의 일치를 향한 끊임없는 뛰어넘기지만, 이 자기와의 일치는 영원히 주어지지 않는다.

—사르트르, 《존재와 무》

인간이 자신과 완전히 일치하기는 힘들다. 이때 일치란 자기가 자신을 더는 대상화하거나 대자화하지 않는 때나 상태를 일컫는다. 자신과 더 이상 거리가 없는 상태라고 할 수 있는데, 이 거리를 사르트르는 '결여'라고도 했다. 도덕적 반성, 과거에 대한 후회, 미래에 대한 희망 등 이 모든 의식적 활동이 이루어지는 것은 반성하는, 후회하는, 희망하는 의식이 그렇지 않은 자신을 대상화하기 때문에 가능한 것 아닐까?

길가 한구석에 있는 돌은 자신을 돌아보지 않는 존재자이므로 자신과의 거리나 차이가 없다고 할 수 있다. 다르게 말하면 늘 자신과의 일치나 침잠 상태라고 봐야 한다. 의식적이든 무의식적이든 자신과의 거리가 없어진 경험이나 체험이 있는지를 생각해보고, 돌멩이 존재와 결여적인 나의 존재 사이에 차이점과 유사점에 대해 논해보자.

무의식, 예술 그리고 비판 이론—현대 철학의 새로운 주제들

지금까지 우리는 현대 철학의 주요한 주제들, 언어, 현상과 실존 등을 공부했다. 이 장에서는 새롭게 떠오른 현대 철학의 주제들에 대해 공부하게 될 것이다.

첫 번째로는 프로이트가 발견한 무의식의 철학적 의미를 살펴볼 것이다. 마르크스주의를 제외한다면 20세기 사유사와 문화사에서 프로이트만큼 큰 영향력을 끼쳤으며 지금도 영향력을 행사하는 인물은 드물다. 프로이트는 오스트리아 빈에서 태어나 활동했지만 영국에서 죽었고 사후에는 프랑스와 미국에서 가장 많이 해석되고 논의되었다. 철학은 물론이고 언어학과 사회 과학, 문학과 미술 등에 깊은 영향을 끼쳤으며, 마르크스주의와 구조주의를 통해서도 일정한 상관성 속에서 그 중요성이 부각되었다. 어떤 이들은 중세와 근대의 교회들이 수행한 고백의 기능을 프로이트 정신 분석의 기법과 그 실천이 담당하게 되었다고 말하기도 한다. 인간에 대해

구조주의는 언어학의 효시 소쉬르의 방법론적 성과와 업적을 정신 분석학, 인류학, 문학 비평, 마르크스주의 등에 적용한 것으로, 2차 대전 후에 유럽 인문학의 중심 사조로 자리 잡았다. 한 대상의 의미와 존재 가치는 그 자체로 결정되는 것이 아니라 그 자신이 하나의 요소에 불과할 수밖에 없는 체계에 의존적이거나, 관계들의 총체로서의 구조에 의존적이라는 세계관적 관점을 지닌 사유다.

다루는 학문에서는 기능과 역할을 수행하는 주체들이 바뀌어도 변함없는 사실들이 존재하는데, 인간이 자신의 말 속에서 자신을 감추는 동시에 드러낸다는 것이 그렇다. 욕망의 발견 못지않은 발견이 바로 인간이 말한다는 사실의 발견이다. 왜냐하면 인간은 자신의 욕망을 다양한 방식으로 실현되는 말 속에 감추기 때문이다. 사실 프로이트의 무의식의 발견은 무의식적 욕망이 다양한 방식으로 표현된다는 것에 기초한 것이다. 다시 말해 무의식적 욕망은 자신의 표현과 기호 들을 다양한 방식, 즉 꿈, 실수나 실언, 신경증 등으로 표출한다는 것이다.

무의식 다음으로 살펴볼 주제는 예술이다. 20세기는 현재와 너무나 근접한 만큼 성찰적 거리두기가 힘든 것이 사실이다. 따라서 20세기 철학에 대한 우리의 평가는 조금 덜 공정하거나 주관이 개입되기 쉬운데, 필자는 이 시대의 철학 가운데 예술, 특히 시각 예술의 운명과 발전 그리고 그 의미를 중요하게 다루어야 한다고 생각한다. 철학자들의 예술에 대한 관심은 사실 새삼스러운 일이 아니다. 하지만 중세와 근대를 거치는 동안 철학에서 신(神)의 개념에 대한 이해와 의미가 가장 핵심적인 주제가 된 것은 그것이 새로운 것이어서가 아니라, 다른 존재자와 그 존재 의미에 대한 이해와 상관적이었고 당대 철학의 방향에도 영향을 주었기 때문이다. 따라서 예술과 그 작품에 대한 이해에 따라 20세기 철학이 다른 시대와 차이점을 보인다면, 그것은 현대 철학의 중심 주제가 될 수 있을 것이다. 게다가 현대 예술은 세상에 대한 '흔해 빠진 독서'에 부단히 저항하는 항구적 형식과 내용을 철학 못지않게 펼쳐나갔으며, 때로는 철학을 위협할 정도로 창의적인 세계 해석을 내놓았다. 이런 점은 예술과 철학의 현대적인 상호 참조 관계를 더욱 굳건히 해준다.

마지막으로는 비판 이론을 살펴보며 현대 철학에 대한 탐구를 마무리할 것이다. 앞서도 말했듯 20세기 사유의 진정한 지평으로 제시될 수 있는 지적 흐름은 프로이트의 정신 분석과 마르크스주의다. 지난 100년간의 현대사에서 마르크스주의의 흔적에서 자유로운 시간과 공간은 존재하지 않았으며, 마르크스주의는 유래를 찾아보기 힘들 정도로 지속적인 영향력을 행사했다. 현실의 정치나 사회에서뿐만 아니라 학문의 장에서도 그 영향력은 막강했으며, 특히 비판 이론은 마르크스주의에서 탄생한 현대 사유의 대표적 흐름이다. 비판 이론의 유래는 프랑크푸르트 학파의 전신인 '마르크스주의 연구 주간'(1922)이라는 모임으로 거슬러 올라간다. 1923년에 프랑크푸르트 대학에 부설된 '사회 연구소'를 중심으로 그 연구 모임은 학파로 형성되었고, 그 학파의 논의가 현재 비판 이론이라 불리는 것이다. 비판 이론을 펼친 학자들은 기존 이론에 대한 비판을 통해 사회를 비판하는 기능을 수행할 수 있으며 그렇게 되어야 한다고 믿었다.

1. 프로이트와 무의식의 발견—자기 집의 주인은 누구인가

프로이트(1856~1939)의 발견과 관찰 그리고 그 기술 들을 일목요연하게 그것도 몇 가지 논점과 쟁점으로 정리한다는 것은 가능하지 않을뿐더러 그렇게 유용하지도 않다. 프로이트는 의대에 들어가 생리학도이자 심리학도로서 연구의 길을 걷기 시작했고, 정신 분석 기법으로서의 자유 연상과 꿈 해석의 길을 열었으며, 신경증의 증후와 원인에 대한 다양한 임상 경험과 이론을 제시했고, 기타 문학 작품이나 예술품 그리고 보다 넓은 광범위한 사회 현상

자유 연상은 정신 분석 초기에 만들어진 것으로, 본격적인 치료를 위한 일종의 예비적인 환자 탐색 방법이다. 침대의자에 환자가 편안하게 누운 다음 의사는 환자에게 일종의 제시어나 유도하는 말을 던지다. 환자는 그 말을 듣고 자유롭게 떠오르는 모든 연상이나 관념을 솔직하게 말해야 한다. 분석가의 임무는 무질서해 보이는 연상들 뒤에 자리 잡은 유의미한 연관성이나 개연성을 발견하는 것이다. 자유 연상법 이후에는 꿈 이야기 청취와 분석이 등장했다.

나르시시즘은 자기를 사랑의 대상으로 삼기 때문에 자기애(自己愛)라고도 하며, 성도착의 하나로 자기 육체에서 성적 흥분을 느끼는 현상을 뜻하기도 한다. 프로이트는 이 용어를 정신분석 개념으로 확립해 리비도가 자신에게 향해진 상태, 즉 관심의 대상이 자신인 상태로 규정했다. 그는 또한 나르시시즘을 나와 남을 구별하지 못하는 유아기에 리비도가 자신에게만 쏠린 1차적 나르시시즘과, 유아기가 지나면서 리비도의 대상이 남에게 향하지만 어떤 문제에 부딪쳐 남을 사랑할 수 없게 됨으로써 다시 자신을 사랑하는 상태로 돌아오는 2차적 나르시시즘으로 분류했다. 이는 건강한 나르시시즘과 병적 나르시시즘으로 분류되기도 한다.

을 자신이 이룩한 개념들과 도식들로 해석하고 응용하기 위해 노력했다. 나르시시즘의 인류 역사에 최종적이고도 결정적인 공격을 감행한 프로이트는 인간의 가장 내면적이며 친밀한 상처의 폭로를 주도했다는 점에서 그 역사를 완성했다고까지 할 수 있다. 인간과

이탈리아의 화가 카라바조가 그린 나르키소스 신화. 나르시시즘은 나르키소스 신화와 연관되어 만들어진 용어다.

그가 사는 이 지구는 우주의 주인이 아니다. 인간은 길고 긴 생명계 진화에서조차 정점에 있거나 중심에 선 존재가 아니다. 원숭이에서 시작해 몇몇 알 수 없는 진화 단계를 거쳐 지금의 모습이 된 조금 나은 영장류에 불과하다. 프로이트와 더불어 인간은 자신의 집에서도 주인이 아니라는 점을 인정할 수밖에 없었다. 이때 '자신'이라 함은 흔히 말하는 정신(또는 영혼)을 뜻하며, 그 정신이라는 집의 주인은 언제나 '의식'이라고 믿어져왔다. 이러한 정신(영혼)과 의식이 서로 동일한 뜻과 가치를 지닌다는 믿음은 프로이트가 나오기 전까지는 좀처럼 흔들리지 않았다.

의식은 진정한 우리 정신의 주인일까

프로이트 이전까지 인류는 정신적인 것과 의식적인 것, 이 둘이 같은 범위와 외연(外延)을 가지리라고 생각해왔다. 고대에 아리스토텔레스는 《영혼론*De anima*》이라는 책에서 지금 우리가 의식이라 불러도 좋을 영혼의 특정한 능력을 추적해나갔다. 그는 이를 '공통 감각common sense'이라고 불렀는데, 이 용어는 '의식consciousness'의 라틴어 어원인 cum + scientia(함께 + 알다/알아채다)의 기원이 되는 말이다. 다시 말해 '함께 느낌' 또는 '함께 알아챔'이라는 뜻의 공통 감각이 서양 중세와 근대를 거치며 지금의 '의식'으로 자리 잡은 것이다. 아리스토텔레스는 의식의 존재 가능성을 다음과 같은 사실적 관찰들을 통해 추론했다.

첫째로 눈, 코, 귀, 혀, 피부 등은 각각 시각, 후각, 청각, 미각, 촉각을 담당하며 활동한다. 그런데 우리는 종종 시각과 청각이 동시에 작동하거나 청각과 촉각이 동시에 작동하는 예를 무수히 체험한다. 빨간색 옷을 입은 친구가 저 멀리서 나를 향해 소리칠 때라든지, 큰 진동과 함께 땅이 울릴 때가 그렇다. 이런 개별 감각들은 다른 감각을 동시에 느끼거나 수용할 능력이 없는 것이 분명하다. 그럼에도 두 가지 이상의 감각 활동이 동시에 함께 일어난다면, 이런 종류의 '함께 느낌' 또는 '함께 알아챔'을 담당하는 능력을 적어도 형이상학적 차원에서는 상정해보는 것이 합리적이지 않을까.

둘째, 내가 개별 감각 활동에 매진하고 있을 때 나는 내가 그렇게 하고 있다는 것을 알아차린다. 지금 자신이 빨간 사과를 맛있게 먹는 미각 활동에 한창이라 할지라도 내가 그렇게 사과를 맛본다는 것을 아는 것이다. 이렇게 1차적인 개별 감각 활동에 대한 반성 능력이 그 자체로 개별 감각에서 유래하는 것이 아님은 분명하다.

이렇게 출발한 의식에 대한 서양 철학의 논의는 데카르트, 칸트, 후설 같은 소위 주체 철학자들이나 의식 철학자들에 의해 획기적인 발전을 거듭했다. 그들의 의식론이 어떤 점에서 문제가 될 수 있는지 논하는 것은 프로이트의 핵심적 발견인 무의식으로 입문하는 좋은 계기가 된다.

데카르트를 늘 따라다니는 명제 "나는 생각한다. 그러므로 나는 존재한다"는 사물에 대한 의심을 끝까지 밀고 나가다가 어느 순간 문득 깨달은 진리라고 봐야 한다. 눈앞의 사물들이나 만져지는 물건들은 그 존재를 극단적으로 또는 지독스럽게 의심받을 수 있겠지만, 적어도 그렇게 사물의 존재성을 의심하는 자는 결코 의심할 수 없다는 분명하고도 명확한 결론에 이른 것이다. 데카르트의 철학적 전략은 사물에 대한 의심을 의식의 명증성을 통해 극복하는 것이라고 볼 수 있다. 그런데 의식 자체가 다른 힘이나 다른 어떤 것에 속는다면 이는 어떻게 이겨낼 수 있을까?

데카르트는 심지어 악마가 나를 속인다 해도 속임에 넘어가는 나의 존재는 필연적이며 의심 불가능하다고 보았다. 하지만 데카르트는 생각하는 나와 존재하는 나 사이에 아무런 거리나 틈을 두지 않았다. 그에게 '나'는 내가 그렇다고 믿고 생각하는바 그대로의 존재인 것이다. (나의) 사유는 (나의) 존재와 거리 없이 붙어 있다는 것인데, 정말 그럴까? 데카르트가 발견한 의식의 확실성은 너무 직관적이고 직접적이어서 아무런 장애도 만나지 않을 것처럼 느껴지지만, 사실 이 코기토의 확실성은 추상적이고 공허한 면이 없지 않다. 사유하는 나의 존재는 의심의 여지가 없지만, 그런 존재의 실제 모습 또한 의심의 여지가 없는지는 의심스러운 것이다. 다시 말해 코기토가 자신에 대한 진정한 인식이나 앎을 의미하는지는 분명하지 않다. 나는 나를 괜찮은 사람으로 믿고 생각하지만 실제로는 그렇지 않다고 가정해보자. 나의 (자기) 믿음과 나의 존재 사이에는 커다란 괴리가 존재하는 것 아닌가? 나르시시즘은 그것이 부정될 때에야 비로소 진정한 의미가 있다고 할 수 있다. 그럼으로써 인간은 자기애 상태에서 벗어나 진정한 실재와 현실의 모습을 만날 수 있기 때문이다.

칸트에게도 의식론은 매우 중요하다. 데카르트가 의식의 경험적 내용, 다시 말해 의심하는 활동을 문제 삼는다면, 칸트는 그런 의

칸트에게 인간의 세 가지 능력이란 이성, 지성, 감성이었다. 넓은 의미의 이성은 나머지 모두를 포괄하는 능력이지만 제한적으로 쓰일 때는 경험에 의존하지 않는 탐구 능력으로서 우주의 시초, 영혼의 불멸, 신 존재 유무 등에 종사하는 인간 능력으로 규정된다. 지성은 간단하게 사물을 알고 이에 따라 판단하거나 규정하는 능력을, 감성은 외부 대상에 대해 최초의 감상적 직관을 수용하는 능력을 뜻한다.

식 경험적 내용들이 인식론적 차원에서 현실적으로 가능한 의식 활동의 보편적 구조와 가능 근거를 찾고자 했다. 그는 이성과 지성 그리고 감성이라는 세 가지 인간 능력에 대한 치밀하고 비판적인 탐구를 통해 그런 작업을 진행했다. 칸트에게 의식은 내가 모든 다양한 경험적인 의식 체험 속에서 욕망하는 나, 의심하는 나, 쳐다보는 나, 듣는 나, 긍정하는 나, 부정하는 나 등 경험적으로는 다른 복잡한 모습으로 나타남에도, 그런 다양한 나를 하나의 동일한 나로 통합하여 깨닫게 하는 것으로서의 '자기의식' 이다. 그런데 이런 자기의식은 경험적 의식의 다양함을 근거 짓는 일종의 형식적인 틀로 자리 잡은 것일 뿐, 그 자체로 내가 존재하는 그대로의 나 자신에 관한 인식이나 앎을 제공해주는 것은 아니다. 칸트적인 의미의 자기의식도 진정한 자기 인식과 동의어가 아닌 것이다.

앞서 살펴보았듯 후설은 지향성을 발견한 것과 함께 의식론에 큰 진전을 가져왔다. 그런데 후설에게서도 '내가 생각한다' 는 것에 대한 존재성은 확실하지만, 내가 나 자신을 파악하는 그대로 존재하느냐의 문제는 여전히 풀리지 않았다.

이렇듯 의식에 대해 제기된 다양한 물음들을 간단하게 정리하면 다음과 같다. 생각하는 나는 분명 의심의 여지없이 존재한다. 하지만 이때 '나' 의 모습은 내가 그렇다고 믿고 파악하는 그대로의 존재인가? 사유하는 (자기)의식의 존재를 부인할 수는 없지만 그런 의식만이 유일하게 실제적인 나의 존재를 규정하고 보여주는 원리나 근거가 된다는 것일까? 데카르트는 한때 "우리 안에서 일어나는 모든 것은, 우리 자신이 직접적으로 의식하거나 파악할 수 있다"고 자신 있게 말했다. 이 말은 우리 자신이 우리 안에서, 다시 말해 우리 정신(또는 마음)에서 일어나는 일들에 대한 행위자 역할을 하면서 빈틈없는 감시자와 관리자 역할도 동시에 수행한다는 것을 의미한다. 하지만 과연 그럴까? 우리의 의식은 일상적 경험과 관찰을 사실상 정반대로 기술하는 것은 아닐까? 우리가 알지 못하는 상태에서, 정말로 부지불식간에 일어나고 생기는 정신적 · 신체적 행위와 사건들이 얼마나 많은가? 만약 우리 자신이 깨닫지 못하고 의식하지 못하는 감추어진 정신 활동의 또 다른 면, 즉 무의식적 측면이 있다면, 그것을 데카르트가 말하는 의식의 직접적인 직관이나 반성으로 알아낼 수 있을까? 프로이트는 이러한 질문들을 처음으로 제기한 인물이다. 그는 우리가 생각하는 우리의 모습과 실제로 존재하는 우리 모습 사이에 심각한 불일치와 괴리가 존재한다는 점, 다시 말해 사유와 존재 사이의 치명적인 불일치에 대해 체계적인 사유를 펼쳤다.

우리 마음의 또 다른 주인인 무의식의 발견과 꿈

우리는 프로이트의 발견과 그 의미를 아직 직접적으로 이야기하지 않은 채, 이전 시대 철학자들의 의식론이 보여주는 내재적인 문제점과 한계를 지적해왔다. 그것은 단적으로 말해 사유와 존재 사이의 거리나 괴리이자, 1차적이고 표면적인 의미 부여와 2차적이고 심오한 의미 부여 사이의 간격이라고 할 수 있다. 내가 실현하고자 하는 행위나 태도는 나의 뚜렷한 의도 아래 의식적으로 행해지는 것임에도, 그 행위의 깊은 동기와 진정한 의미에 대해서는 잘

못 깨닫거나 무의식적일 수 있는 것이다. 달리 말해보면 내가 나의 행동과 동기에 부여하고 취하는 비교적 단순하고도 1차적인 해석과, 진정하고도 심오한 2차적 해석 사이에는 틈이 있으며, 그러한 분열 속에 무의식이 자리 잡고 있는 것이다.

예를 들어 자기도 모르는 사이에 어떤 여학생에게 관심이 생겨

프로이트

그 여학생을 좋아하게 된 남학생이 있다고 해보자. 그는 늘 그 여학생에게 친절과 배려로 일관하면서도 그것은 단순한 친절과 호의일 뿐이라고 생각한다. 하지만 그의 친구들은 그의 행동이 그 여학생에 대한 열정과 애정에서 나왔다고 간파한다. 한편에는 나의 흐릿한 알아차림이나 못 알아차림이 버티고, 또 다른 한편에는 다른 사람들이 나보다 더 명료하게 파악한 내 행위의 의미가 버틴다. 이 거리와 간격을 발생하게 하는 것이 바로 무의식이 아닐까.

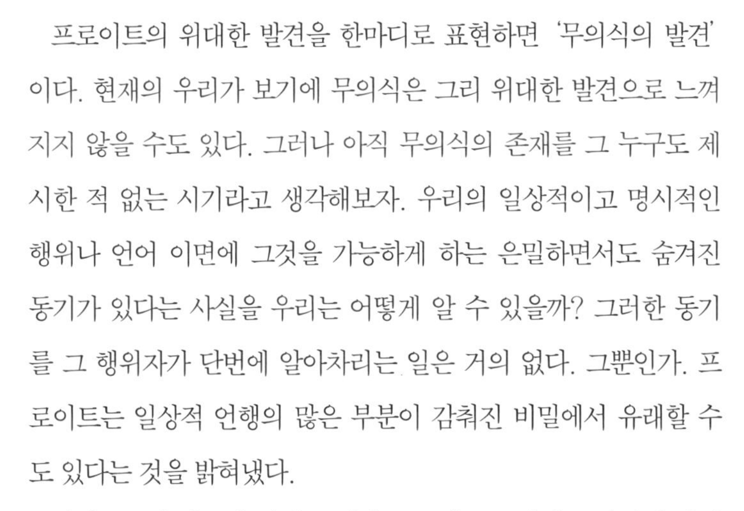
프로이트의 위대한 발견을 한마디로 표현하면 '무의식의 발견'이다. 현재의 우리가 보기에 무의식은 그리 위대한 발견으로 느껴지지 않을 수도 있다. 그러나 아직 무의식의 존재를 그 누구도 제시한 적 없는 시기라고 생각해보자. 우리의 일상적이고 명시적인 행위나 언어 이면에 그것을 가능하게 하는 은밀하면서도 숨겨진 동기가 있다는 사실을 우리는 어떻게 알 수 있을까? 그러한 동기를 그 행위자가 단번에 알아차리는 일은 거의 없다. 그뿐인가. 프로이트는 일상적 언행의 많은 부분이 감춰진 비밀에서 유래할 수도 있다는 것을 밝혀냈다.

의학도로서 학문의 길에 들어선 프로이트는 당시 눈부시게 발전 중이던 신경학, 정신 생리학, 정신 병리학 등의 영향 아래, 인간 정신 또는 심리 현상이 일정한 힘이나 부분으로 이루어진 집합이라고 생각하기 시작했다. 물론 그 부분들이나 힘의 하나가 무의식이다. 아주 초기 저작인 《과학적 심리학 초고*Entwurf einer Psychologie*》에서 프로이트는 이미 인간 정신을 힘을 가진 하나의 체계로 상정하고, 심리 또는 정신 현상을 양적으로 규정 가능한 물질적 입자들이 프로이트 당시에 발달하기 시작하던 신경 생리학에서 사용하던 뉴런들의 종류이다. 그리스어 알파벳에 따라 읽어보면 Φ뉴런은 파이 뉴런, ψ뉴런은 프시뉴런, ω뉴런은 오메가 뉴런이다.

모인 것으로 보기 시작했다. 이 물질적 입자들이란 신경원, 즉 뉴런이다. 이때 양이란 내외적으로 발생하는 흥분이나 자극의 총합이며, 뉴런은 Φ뉴런, ψ뉴런, ω뉴런으로 나뉜다.

Φ뉴런은 쾌락의 원리와 밀접하게 연관되며, 심리 및 정신 체계 속에서 움직일 때나 통과할 때 저항과 막힘이 없고 전적으로 투과성이 있어서 프로이트가 말하는 1차 과정을 수행한다. 1차 과정이란 심리적 에너지가 자유롭게 흐르고, 긴장이나 흥분이 외부 대상에 의존하지 않고 심적 장치나 심적 체계 내에서 해소되고 사라지는 과정 전체를 일컫는다. 예를 들면 아기가 배고플 때 이유식이나 엄마의 젖 같은 대상물에 대한 막연한 심상만으로 만족하는 경우가 있다. 아기는 배고픔이라는 내적 긴장이나 흥분을 해소하기 위해 대상에 대한 단순한 기억과 그 대상이 줄 수 있는 실제의 성질을 구별하지 않고 혼동하는 방식으로 1차 과정을 수행하는 것이다. 이때 쾌락의 원리란 인간의 심리 체계가 긴장이나 흥분을 줄이고, 최소한으로 낮추어서 불쾌를 줄여 쾌락을 야기하는 방식으로 움직인다는 원칙이다. 이는 가장 기본적 원칙이자 가장 넘어서기 어려운 심적 장치의 법칙이기도 하다.

ψ뉴런은 흥분이나 긴장의 양적 흐름에 대해 투과성이 강하지 않아 저항적이기 때문에 심적 체계 내에 축적되는 성질이 있다. 프로이트는 이 뉴런을 통해 인간이 2차 과정을 수행하고 현실의 원리에 따라 살아간다고 말했다. 1차 과정과는 반대로 심적 에너지가 모두 방출되는 것이 아니라 구속되거나 축적되어 주관적인 (심상) 기억과 객관적인 (대상) 지각을 구분하기 시작하는 것이다. 다시

말해 긴장이나 흥분을 해소하기 위해 1차 과정에 의존하지 않고 현실적으로 존재하는 대상이나 사물을 찾아내거나 만들어간다. 마찬가지로 인간의 심리 체계가 긴장이나 흥분을 피하고 줄이기 위해 쾌락의 원리에서처럼 긴장을 곧장 외부로 방출하는 것이 아니라, 긴장 해소와 관련된 대상을 찾거나 만들어낼 때까지 흥분이나 긴장(에너지) 방출을 미루는 원리를 현실의 원리라 부른다.

ω뉴런은 프로이트가 소위 '의식'을 수용하기 위해 상정한 뉴런으로, ψ뉴런에 인접한 것으로 규정한 신경원들이다. 프로이트에 따르면 이 뉴런들은 흥분이나 긴장의 방출 또는 억제라는 심적 현상이나 체계의 양적 규정들과는 무관하게 세계에 대한 질(質)을 규정한다.

이 세 가지 뉴런은 프로이트의 무의식, 전의식(前意識), 의식이라는 세 가지 영역의 힘과 부분들로, 우리의 정신적 삶과 행위에 대한 설명의 징조가 된다고 할 수 있다. 프로이트는 마음의 현상이 겉으로 보기에는 질서가 없고 혼돈스러울지라도, 그것은 그것을 이루는 중요한 부분들과 그 사이에서 벌어지는 의미심장한 관계들에 의해 규정된다고 생각했다. 특히 그는 환자들과의 자유 연상과 최면 중 암시 효과를 통해, 환자 자신의 의식이나 의지로는 효과적으로 조절하거나 통제하지 못하는 기억, 생각, 행동 들이 있음에 주목했다. 자유 연상이란 앞서 말했듯 편안히 누워 의사가 제시하는 단어들에서 연상되는 모든 것을 일체의 거짓 없이 말해보는 작업이며, 최면 중 암시는 최면 중에 의사가 말한 지시나 내용을 의식이 돌아온 후에도 따르는 것을 말한다. 이러한 임상적 시험과 관찰

프로이트가 최면에 사용한 침대 의자

을 토대로 프로이트는 우리의 정신적 삶과 능력을 주도하는 체계나 기관이 단 하나가 아니라 복수의 힘과 기능을 가지고 있다는 지극히 자연스러운 결론에 이르렀다. 여기서 프로이트는 이렇게 자문했다. 우리의 심리 현상이 단순히 불투명하고 혼란스러운 것이 아니라 하나의 숨겨진 질서를 내재적으로 간직하는 것 아닐까?

이런 현상을 명징하고 투명한 의식 상태가 기능 장애를 일으켰다거나 주의력 결핍 때문이라고 설명할 수 없다면, 과연 어떤 심적 체계나 장치를 통해 적절히 설명할 수 있단 말인가?

프로이트는 자유 연상과 최면 중 암시 효과 외에도 신경증 환자들이 임상 상담에서 보여준 사례를 기반으로 무의식의 존재를 다시 한번 확신하게 되었다. 신경증 환자들은 남녀노소를 가리지 않고

상담 중에 이렇게 말했다. "(그게) 나보다 훨씬 강하고 힘이 세요."

프로이트는 데카르트가 사물을 겉으로 드러난 현상과 실재로 구분했듯, 정신이나 심적 생활도 현상과 실재로 구분해야 할지 모른다고 생각했다. 1차적이고 표면적이지만 진정한 함의나 진의를 담지 못하는 텍스트가 의식이라는 현상이라면, 2차적이면서도 심오하고 하려는 바의 욕망을 그대로 담은 무의식이라는 실재도 있다고 보아야 한다. 따라서 무의식적인 힘들과 영역들은 의식이 잘 관리하거나 통제하지 못하는 일정한 자리와 경계를 확보하고 버티고 있다는 결론이 나온다. 의식의 경계에서 점점 멀어지는 심적 내용들일수록 억압되는 정도는 강하고, 그것의 경계로 근접하는 것일수록 의식화될 개연성은 높아진다. 즉 우리의 정신적 삶이나 심적 뵈메(1575~1624)는 독일의 철학적 신비주의자로 관념론과 낭만주의 등 그 뒤의 지적 사조에 깊은 영향을 미쳤다. 《위대한 신비》는 르네상스의 자연 신비주의와 성서 교리를 종합한 저서이다. 의식적 차원의 세계 파악을 뛰어넘어 신과의 합일 속에서 무의식적 상태를 포함한 전인적인 교제와 만남을 강조했다.

베르그송(1859~1941)은 이 책에서는 논의하지 않고 있지만 20세기 현대 철학사에서 반드시 그에 상응하는 비중으로 다루어야 할 철학자이다. 무의식과 관련해서 베르그송은 여전히 의식과 대등한 체계로서의 무의식을 인정하지 않는다. 다만 그는 심층적 자아moi profond라는 개념을 통해 과거의 흔적까지도 전부 포괄하는 넓은 주체성 개념을 사용한다.

내용들이 항상 순조롭고 쉬운 의식화의 관문을 통과한다는 보장이 없는 것이다. 이런 과정을 거쳐 프로이트는 의식이 처음부터 당연히, 온전하게 그리고 아무런 부족이나 결핍 없이 존재하는 그 무엇이 아니라 무의식에서 유래하고 발생하는 것이 아닌가라는 생각을 하게 되었다.

사실 무의식의 현상들에 대한 관찰과 기술은 예전부터 있어왔다. 아우구스티누스, 신비주의자 뵈메Jakob Bohme, 라이프니츠, 쇼펜하우어, 베르그송Henri-Louis Bergson 등이 이런 시도들을 부분적으로 경험하고 관찰한 학자들이다. 하지만 이들은 무의식적 심리 현상을 의식의 부주의나 비자각성 등으로 설명하려 했을 뿐으로, 이는 프로이트 이후 설득력을 잃게 되었다. 무의식적 심리 현상들을 일시적인 '상태' 나 잠정적인 '경우들 가운데 하나' 또는 우발적인 '사건' 으로 규정하는 인식론적 틀이나 패러다임이 무너지고, 무의식을 상태가 아닌 '체계' 로서, 우발적 사건이 아니라 필연적 힘으로 규정하게 된 것은 프로이트와 함께 가능해진 것이다.

실언(失言) 현상도 무의식 확립에 적지 않은 공헌을 했다. 마음속에서 갈등하고 투쟁하는 힘들 사이의 경쟁이나 공존이 아직 이루어지지지 않았다는 증거가 바로 실언이기 때문이다. 오랜만에 친구를 만났는데 인사로 "반가워"가 아니라 "잘 가"라고 했다면, 반가움과 거부감의 투쟁 속에서 갈등하며 거부감이 반가움을 힘겹게 누르고 있는 것이다. 한편 위계가 분명하고 지시와 명령 관계로 이루어진 사람들 사이에서는 어떨까? 이런 실언이 더 자주 일어날까, 아니면 오히려 줄어들까?

신경증적인 증상이나 증후는 이런 무의식의 존재를 한층 분명하게 보여준다. 환자 자신의 의지와 달리 어떤 행동이 내부에서 강제되면서 표출되는 것이 바로 그러한 증상이다. 의식의 통제와 관리보다 힘센 것이 지속적으로 나타난다면 무의식의 존재를 적극적으로 생각해보는 것이 합리적이지 않겠는가.

무엇보다도 체계로서의 무의식을 확립하고 근거 짓는 데 결정적으로 공헌한 것은 꿈이다. 신경증적인 증상은 다소 제한된 사람에게 일어나며 주도면밀한 관찰자에 의해 기록되고 인정된다. 반면 꿈은 무의식으로 우리를 이끄는 보편적인 창구와 같다. 꿈과 잠은 떼려야 뗄 수 없는 관계다. 꿈의 일반적인 정의는 잠에서 깨어난 사람들이 기억하기도 하고 기억하지 못하기도 하는 수면 중의 체험이다.

프로이트는 《꿈의 해석*Die Traumdeutung*》에서 꿈을 조금 더 엄밀히 구분해, 현현몽(顯現夢), 꿈의 작업, 잠재몽(潛在夢)으로 나누었다. 현현몽이란 아침에 일어나 머리에 떠올리는 꿈으로, 대부분 앞뒤가 맞지 않고 서로 연결이 잘 되지 않는 파편적인 이미지나 영상들의 연결 또는 총합으로 이해하면 된다. 잠재몽은 현현몽을 일으키는 동기다. 프로이트에 따르면 잠재몽이 바로 꿈의 의미로, '꿈의 사유'라고도 불린다. 만약 꿈에 어떤 의미가 있고 이해되며 심지어 인간 정신 활동의 결과물이나 산물이 될 수 있는 것은, 그 난삽한 현현몽의 배후에 그러한 꿈의 사유가 숨어 있기 때문이다.

이때 중요한 것은 현현몽과 잠재몽 사이에 제3의 것이 개입한다

프로이트에 따르면 현현몽을 만들어내는 몇몇 작업 메커니즘이 있다. 첫째는 '검열'로, 정치 권력자들이 자신의 권력을 더욱 굳건히 하기 위해 언론을 통제하듯 꿈을 형성하는 과정에서도 검열이 일어나 본래적 꿈의 사유는 상당히 왜곡된다. 그 다음으로 '압축' 작업이 일어나는데, 이는 잠재몽이 생략되거나 내용이 훨씬 적어져서 현현몽으로 드러나는 것을 말한다. 셋째, '대치'는 잠재몽이 자신의 심리적 강도나 가치의 중요성을 배재한 채 꿈의 대수롭지 않은 현현몽 속으로 자신을 숨기는 것을 말한다. 그 다음은 '형상화'로, 잠재몽이 현현몽으로 바뀔 때 시각적 상으로 대체되는 현상이다. 마지막으로 '상징화' 과정은 꿈에 나타나는 전형적인 상징들로, 고대의 민담이나 전설, 신화 등에 나타나는 상징과 유사하다.

는 점이다. 그 때문에 꿈은 더 알아보기 어려워지고 뒤틀려 암호처럼 되어버린다. 꿈의 해석, 즉 꿈에 대한 해석이 필요한 이유는 바로 그것의 효과 때문으로, 제3의 것을 꿈의 작업이라 한다. 바꾸어 말하면 꿈의 작업은 잠재몽을 비틀어 좀처럼 알아볼 수 없게 만듦으로써 현현몽으로 바꾸는 작업이고, 거꾸로 꿈의 해석은 이 작업 메커니즘을 풀어 해체해 들어감으로써 현현몽을 잠재몽으로 해석하는 절차를 말한다. 꿈이라는 탈의식적인 진행과 절차는 프로이트에게 그동안 인간 정신이나 심리 안에 억압되어왔지만 온전히 제거되거나 사라지지 않은 심리적 집적체들의 존재와 그 방식이 엄밀히 존재한다는 것을 가르쳐주었다. 결국 무의식은 정신적 삶의 고유한 영역으로서의 공간성을 확보했을 뿐만 아니라 그 공간성이 지니는 정당성과 적법성도 확보하게 되었다.

의식과 무의식의 관계

프로이트는 이전 학자들의 심리 탐구에서 패러다임 전환을 시도한 학자다. 그를 심리학자라는 범주에 넣을 수도 있지만, 그러려면 심리학은 가장 넓은 의미의 심리학일 것임에 틀림없다. 그 자신은 자신의 정신 분석학을 '메타 심리학metapsychology'이라 부르기도 했는데, 이때 메타 심리학이란 심리 현상의 일반 원리와 근거를 가장 근원적이고 이론적인 차원에서 탐구하기 위해 '마음을 넘어서서 이를 초월함으로써 이것의 근거와 원리'를 따지는 작업이라는 의미다. 프로이트의 메타 심리학은 심리 현상을 위상학(位相學), 경제학, 역학의 세 가지 관점과 시각으로 파악하려고 시도했다.

위상학에서 '위상'은 장소, 공간, 영역을 뜻하는 말로, 위상학적 관점에서 심리 현상은 공간적으로 형상화된, 다시 말해 무의식, 전의식, 의식의 세 공간으로 이루어진 심적 체계다. 이 심적 체계를 이루는 세 영역들은 기능과 작용면에서 서로 뚜렷하게 구별되는데, 훗날 프로이트는 무의식—전의식—의식이라는 구분을 발전시켜 '이드id—자아ego—초자아superego'라는 범주를 내놓았다.

경제학의 관점은 심리 현상을 심적 에너지의 배분과 조정의 관점에서 다루려는 태도다. 프로이트가 한 대상에 대한 심적 에너지의 사용을 '집중'이라 부르거나, 축적된 심적 에너지의 터져 나옴을 '방출'이라 부르는 것이 여기에 속한다.

마지막으로 역학은 심리 현상을 무의식과 의식 사이의 갈등과

이는 1920년 이후 프로이트가 새롭게 등장시킨 구분이다. 이드는 유아기 때의 만족을 추구하는 가장 원시적인 충동으로서 흥분의 방출과 에너지의 집중을 통해 쾌락을 얻고자 하는 욕망에 의해 지배되는 충동이며, 본능을 직접적으로 표현하는 1차적 과정에 의해 지배된다. 그리고 2차적 과정의 결과로 자아가 성장하는데, 이는 현실원리를 따르며 이드에 의해 지배되는 쾌락 원리와 구별된다. 여기서 자기보존을 위해 욕망의 만족을 유보해야 할 필요를 점차 배우게 되면서 충족되지 못한 욕망으로 인해 갈등이 생기는데, 자아는 이러한 갈등을 처리하기 위해 방어 메커니즘을 발달시킨다. 방어 메커니즘 중 가장 기본적인 것은 억제이다. 3번째 구성요소는 초자아로서, 오이디푸스 콤플렉스가 해소되는 동안에 부모의 명령을 동일화함으로써 사회의 도덕적 규범을 내면화하는 것으로부터 발달된다. 초자아는 부분적으로만 의식적이며 이드로부터 자아로 향하는 특정한 공격적인 요소를 빌려와서 죄책감을 들게 한다.

대립, 충동 덩어리인 이드와 자아 그리고 현실 사이의 견제와 균형 등으로 파악하고 이해하려는 태도와 관점이다. 검열, 방어, 억압 같은 개념들이 역학의 관점에서 나왔다.

위의 메타 심리학의 틀로 보자면, 무의식은 의식에서 배제되었거나 의식으로 접근하는 것이 차단된 심적 정보가 모여서 쌓인 존재 영역이나 방식이다. 따라서 의식 자체는 하나의 온전하고도 무결한 텍스트가 아니라 무의식에서 상당량의 정보가 삭제되거나 누락된 텍스트로 봐야 한다. 다시 말해 의식은 제1의 확실성이나 직접적으로 주어진 것이 아니라 가장 덜 알려진 것으로, 의식 자체의 확실성이나 명증성 따위는 너무나도 소박한 자기 확인에 불과할지도 모른다. 사정이 이렇다면 의식의 가장 큰 과제이자 임무는 무의식에 남아 있는 누락되고 삭제된 내용을 끊임없이 길어와 이를 의식화하는 일일 텐데, 이때 의식과 무의식의 관계는 어떻게 규정되고 설정되어야 할까?

위의 질문에 답하기에 앞서, 프로이트에게 의식의 문제는 데카르트나 칸트, 후설의 그것과 근본적으로 다르다는 점을 분명히 해 둔다. 세계 구성이나 존재자 일반의 인식 근거나 원리의 의미를 어떻게 보느냐의 차원이 아니라, 프로이트는 자신에게서 배제된 정신적 활동과 내용을 담은 무의식을 어떻게 대면하고 수용해서 의식화해야 하는지를 고민해야 했다. 무의식을 의식화한다는 것은 무슨 의미일까? 이것은 의식이 무의식의 욕망과 충동을 현실과의 대면 아래 자기화하는 일이다. 이때 '현실'이란 무의식적 욕망과 충동을 소외시키고 배제하게 한 모든 외적 조건을 뜻한다. 프로이트적인 의미에서는 인간이 유아기 때부터 성인기에 이르기까지 만나고 부딪치게 되는 부모, 다른 가족, 친구 집단 그리고 충족되거나 충족되지 못한 욕망과 관련된 모든 사물 세계를 포함한다. 당연히 정치 · 경제적 현실은 배제되지 않는다. 따라서 이러저러한 외적 현실의 제약이나 구속을 적절히 조절하면서도 무의식의 소망을 들어주는 이중적인 과제가 바로 의식화 작업이다.

완벽하지는 않지만 이런 과정 속에서 의식은 무의식의 욕망과 충동을 그대로 충족해주는 방식이 아니라 지연하거나 변화시켜 그 충족의 형식과 형태를 새롭게 할 수 있다. 이럴 때 현실과 양립하기 어려웠던 욕망과 충동들은 현실과 화해하며 나아갈 수 있지 않을까? 그러한 욕망 표출이 가장 병리학적으로 나타난 것이 신경증의 형태이고, 가장 일상적인 형태가 꿈과 실수, 가장 조화롭고 바람직한 표출이 예술에서의 승화와 문학에서의 상상력일 것이다. 프로이트가 다양한 문학 작품과 예술 작품을 분석하면서 기대하고 발견한 것은 바로 욕망 충족의 새로운 길이 아닐까? 꿈이 욕망의 위장된 충족의 1차적 전략과 전술에 머물고 만다면 예술 작품은 그 욕망의 다소간 승화된 충족의 방식과 형태일 것이다. 그리고 이런 충족 방식의 변화는 단순히 욕망과 충동 들의 변화에 그치는 것이 아니라 인간이 그 자신에 대한 이해를 새롭게 하는 것이고, 인간의 자기 이해와 자기 인식의 확장을 가져오는 것 아닐까?

물론 이는 의식이 스스로 할 수 있는 작업은 아니다. 의식이 그 자신을 항상 정직하게 읽고 해석할 수는 없기 때문이다. 게다가 무의식은 늘 자신을 드러내고 말하는 존재지만, 일관된 내용과 뜻을 분명히 드러내는 것이 아니라 다의적이고 암묵적으로 말하지 않는가. 따라서 해석은 환자 스스로가 타자의 도움 없이 만들어내는 것이 아니라 해석자의 조력과 도움이 어느 정도 필요하다. 무의식은 일종의 알 듯 모를 듯한 메시지 저장고와 같다. 곧장 그리고 직접적으로 그 메시지를 알 수 있다면 해석은 필요 없어지지만, 정녕 알 수 없다면 무의식은 의식에게 상관성 없는 영역으로 남게 된다. 우리는 이 피할 수 없는 양극단의 대척점으로서 의식과 무의식을 바라보아야만 하는 것일까? 그렇지 않을 것이다. 무의식은 무의미의 영역이나 알 수 없는 세계에 속한 것이 아니라 의미의 장에 속해 있다. 그것은 의식과 아무런 관계도 없고 독립적인 절대적 타자라기보다는 서로 관여하고 보완하는 상대적 타자라 해야 할 것이다.

2. 예술과 그 종말—예술에 새롭게 다가가다

철학이 예술, 그중에서도 시각 예술에 대해 이야기하는 것이 얼마나 합당하고 정당한가의 문제는 미학의 오랜 주제다. 진리와 선과 미의 통합성과 일체성을 말하는 철학과 종교가 없지는 않지만 대체로 철학은 언제나 진리의 편에 서 있었고, 선과 좋음이라는 윤리적 지향을 좇았으며, 아름다움을 추구하면서도 미가 진리나 선보다 앞선다고 생각하지는 않았다. 철학은 오랫동안 진정으로 존재하는 것들을 이야기해야 한다는 생각에 사로잡혀 있었다. 그것을 이데아나 본질, 실체 중 어떤 이름으로 불러도 무방하다. 이미 오래전에 플라톤은 변화하는 것들을 따른다고 여겨진 시인들과 예술가들을 철학의 무대에서 내몰았고, 그 결과 그들이 추구한 감각적인 미는 진정한 철학의 대상이 되지 못했다. 19세기 프랑스 극작가 아나톨 프랑스Anatole France는 "예술의 대상은 진리가 아니다"라고까지 말했고, 카프카Franz Kafka는 "예술은 진리 주변을 날아다닌다. 단, 진리의 불길에 타버리지 않으려는 확고한 의지를 가지고"라고 했다.

아나톨 프랑스

철학이 진리의 완결성, 충만성, 일관성, 무결성을 포기하고 진리의 편파성, 당파성, 폭력성을 고민한 것은 비교적 최근의 일이다. 20세기에 와서야 철학은 진리가 그동안 억압해온 진리와 이성의 타자들, 즉 욕망, 무의식, 감성, 구체적이고 개별적인 아름다움, 일회적인 것, 특이한 것, 가변적인 것, 우발적인 것, 일상적인 것, 가짜들, 여성들, 아동들 등에 진지한 관심을 보이기 시작했다.

프란츠 카프카

예술이 자연을 있는 그대로 묘사하고 재현하는 것 외에 무엇을 할 수 있겠느냐는 비난이 사라진 것은 그리 오래되지 않았다. 물론 아리스토텔레스는 이미 오래전에 모방이나 재현이 인간의 본래적 경향이자 쾌감의 원천이며, 인간은 재현된 이미지와 형상을 봄으로써 어떤 것에 대한 지식을 얻는다고 보았다. 또한 그는 재현 대상과 그 재현된 시적 내용을 구분했다는 점에서 플라톤보다 훨씬 더 예술을 위한 철학에 부합한다는 평가를 받을 만하다. 특히 그가 말하는 재현(representation, mimesis)이 자연(또는 인간의 행위)에 대한 단순한 모사를 넘어, 그것을 다시금 새롭게 가져와 제시하거나 나타내 보이는 것이라면 예술을 자연에 대한 모방으로서

예술에서 이들 여성들이나 아동들은 늘 창작 주체의 면에서나 감상자 또는 작품의 주제 면에서도 그렇게 중심을 차지하지 못했다. 그 많은 서양의 인물화나 자화상 중에 여성이나 아동이 등장한 그림들을 찾기는 쉽지 않다. 미술가들 중에 여성 작가의 이름을 떠올리기가 어려운 것도 마찬가지다.

만 취급할 수 없음은 명백하다.

오늘날 예술은 '자연—회화, 사물—진리' 라는 구도의 사유 방식과 단호하게 결별한다. 그렇다면 그들이 예술을 바라보는 눈은 어떻게 달라졌을까? 물론 예술 활동과 그 작품에서 어떤 특정한 사유 방식과 세계관을 읽어내는 데 저항감을 느끼는 독자들이 있을 것이다. 예술가들은 철학자들처럼 사물과 사태를 바라보지 않는다면서 말이다. 하지만 여기서 이야기하는 것은 철학과 예술이 만나 서로를 바라보고 이해하는 방식에서 합의점을 찾자는 것이 아니다. 철학과 예술의 방식은 팽팽한 평형을 이룰 수도 있고 한두 번 교차하는 모양새일 수도 있다. 우리의 목적은 다만 그러한 교차점 몇몇을 짚어보고 그것들의 철학적 함의를 말해보는 것이다. 따라서 철학자들이 보고 파악하고 설명하고 이해하는 예술 작품 속에서 정작 예술가들은 자신을 낯설게 여길 수 있을 것이다.

플라톤 이래로 예술은 그 취약한 인식론적 기능과 위상 때문에 진정한 인식, 즉 진리(플라톤적인 이데아)를 추구하는 철학에서 타자이자 외부의 것으로 취급되었다. 플라톤의 제자 아리스토텔레스가 꾸민 반전은 예술에 대한 이해의 역사에서 분명 의미 있는 전진을 이루어냈다. 그러나 그것이 예술의 권리를 완전히 찾아준 것은 아니다. 예술과 예술 작품이 '감각적 인식' 으로 파악되기 시작한 것은 근대 미학에 와서다. 하지만 근대 미학과 근대 회화를 지배하는 원리는 모델이 되는 자연과 얼마나 닮았는가, 즉 유사성에 기반을 둔 재현에 있었다. 따라서 근대 회화의 진리관은 사물과 작품 사이에 대응 또는 상응하는 정도를 따지는 대응적 진리관이었다. 여기서 우리는 그 진리관의 종류를 따지거나 그 성격을 구별할 필요는 없다. 다만 근대 미술과 현대 미술을 나누고 이들을 구별하는 근거들이 근대 철학과 현대 철학의 그것과 무관하게 전개되지는 않았다는 점을 기억해야 한다. 근대 미학과 근대 회화를 이루는 중요한 범주들과 원리들의 근본적 변화가 현대 미학과 예술 철학에 일어났다고 볼 수 있는 것이다. 이는 마치 기표(시니피앙)가 기의(시니피에)와의 자의적 · 관습적 관계마저 끊어버리고, 혼자 방황하고 떠도는 기표들의 연쇄가 되어버리는 것과도 같다. 그동안 예술이 작가의 창의성과 노력을 통해 구현하려 했던 자연과의 유사성이 파문당하고 거부된 것이다.

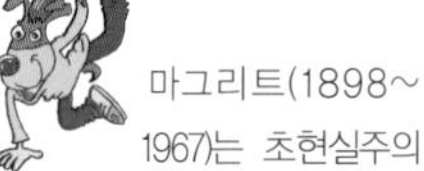

마그리트(1898~1967)는 초현실주의를 대표하는 벨기에의 화가로, 그의 작품에는 공포와 위기감, 희극적 요소 및 신비주의가 어우러져 있다. 브뤼셀 미술 아카데미에서 공부한 뒤 벽지 공장 디자이너 등으로 일하다가, 1926년에 브뤼셀의 한 화랑의 지원을 받으며 그림에만 전념할 수 있게 되었다. 초현실주의에 몰두하기 시작한 것은 그 직후로, 첫 개인전에 대한 평가는 그다지 좋지 못했다. 1940년대에 인상주의적 요소를 부분적으로 사용하는 등 다양한 양식을 시도했으나 차츰 그런 실험을 그만두고, 자신만의 고유한 양식으로 비논리적이며 수수께끼 같은 이미지를 그리는 일에 몰두했다.

근대 회화의 이런 재현적 사유 틀을 비판적으로 극복하고자 시도한 철학자로는 하이데거, 푸코 그리고 들뢰즈를 제시할 수 있다. 우리는 이들 각각이 고흐, 마그리트Rene-Francois-Ghislain Magritte, 베이컨Francis Bacon에 대해 벌인 해석 작업을 통해 이들이 지닌 공통의 기획과 그 기획의 상이한 실현 방식을 살펴볼 것이다. 그리고 마지막으로는 미학자인 단토Arther C. Danto가 제시한 앤디 워홀Andy Warhol의 작품에 대해 이야기할 것이다. 워홀은 근대 미술의 종언을 나름의 방식으로 선언함으로써 포스트모던(post-modern, 근대 이후)한 현대 미술에서 예술이 예술일 수 있는 조건이 무엇인지를 제시했다.

하이데거, 푸코, 들뢰즈—그림은 자연의 거울이 아니다

하이데거, 푸코, 들뢰즈는 근대 미학과 근대의 재현 회화를 극복하기 위한 작업을 행한 현대의 철학자들이다. 이들의 작업에서는 여러 공통점과 차이점이 발견되는데, 지금부터 그것을 살펴봄으로써 20세기에 서양 철학과 예술이 만나는 방식이 어떠했는지를 이해해보려 한다. 또한 이들의 만남은 우리에게 근대 미학을 탈근대화하는 방식은 제각각이지만 근대 철학과 미학을 떠받쳐온 재현적 사유 방식의 종언은 그들이 공동으로 제기한 기획 덕분이라는 점을 알려줄 것이다.

영국의 화가 베이컨(1909~1992)은 인간을 주제로 한 강렬한 이미지로 현대인의 고독과 공포를 표현했다. 전문적으로 미술 교육을 받은 적 없던 베이컨은 내내 인정을 받지 못하다가, 1945년에 이르러 독창적이고 강렬한 표현 양식으로 널리 알려졌다. 그의 그림은 대부분 사진이나 영화 또는 다른 화가들의 작품을 자신이 표현하고자 하는 목적에 따라 왜곡한 것이다.

미리 말해두지만 하이데거 철학에서 예술 작품 일반에 대한 해석의 원리나 고유한 특정 미학을 찾으려 해서는 안 된다. 그는 예술 작품을 분석하면서도 자신의 존재론적 구도와 기획을 포기한

적이 없다. 《예술 작품의 근원*Der Ursprung des Kunstwerkes*》에서 하이데거는 고흐의 1886년 작품 〈끈이 달린 구두〉를 분석하며, 예술 작품이라는 새로운 존재자를 등장시켰다. 예술 작품은 인간의 손으로 제작되었다는 점에서 도구와 유사한 면이 없진 않지만, 도구적 존재자 자체는 아니며 눈앞의 존재자처럼 개관적 대상도 아니다. 오히려 작품은 도구의 존재를, 즉 "신발 도구가 진실로 무엇인지를 알게 해주는" 바의 것이다. 하나의 작품이 작품일 수 있는 것은 평범하고도 진부한 사물이나 도구 자체가 아니라 그것의 존재나 세계를 제시할 때다. 사물이나 도구는 그 자체로 무엇을 말하지는 않는다. 다만 그것의 형상화를 통해 작품은 그 존재자들의 존재와 세계를 말해줄 수 있을 뿐이다. 농부가 신은 구두는 작품을 통해 그 사용자가 처한 세계와 그 신발의 존재를 보여준다면 진정한 작품이 된다는 것이다. 하이데거는 이렇게 말할지도 모른다. "그림을 그리되 사물이나 도구의 세계성과 그 존재가 드러나도록 그려라." 구두를 그대로 옮기는 것은 그림이 아니라 그것에 담긴 세계, 즉 농부의 고단함, 근심, 소박함과 겸손함 등이 그려지게 해야 그림이 된다는 것이다.

푸코는 하이데거보다 회화 자체에 대한 글과 분석이 훨씬 많을 뿐만 아니라

벨라스케스(1599~1660)는 17세기 스페인 미술사에서 가장 중요한 화가로, 자연주의 양식으로 묘사한 인물과 정물 작품들을 보면 그의 뛰어난 관찰력을 짐작할 수 있다. 16세기 베네치아의 회화를 연구하면서 여기에 영향을 받아 사물의 특성을 정확하게 묘사하는 것에서 시작해, 당시로서는 독특하게도 시각적 인상을 강조한 걸작들을 만드는 방향으로 나아갔다. 화려하고 다양한 붓놀림과 미묘한 색의 조화를 이용하여 형태, 질감, 공간, 빛, 분위기를 살림으로써 19세기 프랑스 인상주의의 주요 선구자가 되었다.

그 원리적 접근이나 다양성에서 그를 능가한다고 할 수 있다. 그는 16세기 스페인의 화가 벨라스케스Diego Rodriguez de Silva Velazquez, 현대의 마그리트, 클레Paul Klee, 칸딘스키Wassily Kandinsky를 다루었다. 이 대가들과의 만남에서 푸코는 근대 회화에 대한 날카롭고 비판적인 분석을 행했는데 우리는 이 점을 주목해야 한다. 15세기부터 20세기에 이르는 근대 회화를 지배해온 두 원리를 푸코는 다음과 같이 제시했다. 첫째, 회화를 통한 재현과 언어를 통한 지시 사이에 종속 관계가 성립하는 것이 근대 회화다. 그림에 등장하는 모든 문자나 글자 제목은 이미지로 규제되는 텍스트에 불과하다는 것이다. 따라서 그림 속의 문자는 회화적 재현에 방해 요소가 아니라 종속 요소다. 둘째, 회화적 재현과 재현

벨라스케스의 〈브레다의 항복〉. 정확한 세부 묘사와 살아 있는 듯한 묘사로 생생한 실재감을 전달하고 있다.

대상으로서의 사물 사이에 존재하는 유사성은 그림과 사물 사이의 등가성으로 파악된다. 다시 말해 회화는 자신을 둘러싼 것, 즉 눈으로 볼 수 있는 것에 종속되는 있다는 것이다.

1973년에 출간한 푸코의 저작 《이것은 파이프가 아니다*Ceci n'est pas une pipe*》에는 처음 보는 이들에게 당혹감을 안겨주는 그림이 등장한다. 파이프를 꼭 빼닮은 그림인데 그 화폭 한 부분에 때 아닌 칼리그람, 즉 문자("이것은 파이가 아니다")가 삽입되어 있기 때문이다. 대개 그림과 말이 서로를 보완해주고 의미가 통하게 하는 것이 칼리그람의 전통적 기능임에도, 푸코에 따르면 마그리트의 회화들 속에서 문자는 오히려 재현을 거부하고 재현과의 단절을 위해 동원된다는 것이다.

칼리그람은 동양화나 서양화에서 그림에 문자를 삽입함으로써 그 그림의 제목을 가리키거나 그림의 이해를 돕는 기능을 하는 기법, 혹은 그 문자를 말한다.

푸코의 마그리트 작품 해석의 또 다른 결정적 공헌은 유사성과 상사성(相似性)의 구별에 있다. 이 구별의 핵심은 유사성의 필수 전제가 '주인', '근원 요소', '제1의 참조물'이라는 것이다. 모든 재현적 회화에서 자연과 그 사물들이 이데아처럼 존재론적 위계에서 모델 자리를 차지하는 것과 같은 이치다. 유사성에게는 원본에 대한 획일적 복종 말고는 다른 운명이 허락되지 않는다. 이와 반대로 다양한 반복 속에서 변별적이고 미세한 차이를 실현하는 원리가 바로 상사성이다. 그것은 원본과 모델과 절연하고, 기원도 목적도 없이 "어느 방향으로도 나갈 수 있으며, 어떤 서열에도 복종하지 않는" 예술 작품들의 내재적 원리다. 상사성은 차이를 놀게 하고 보존하며 배양한다. 곧 다루게 될 앤디 워홀의 작품들 중 다수가 그렇다.

한편 푸코의 후배이자 친구이며 동료였던 들뢰즈는 하이데거와 푸코보다도 예술을 다루는 방식이나 집중에서 그들을 훨씬 앞서갔다. 들뢰즈의 차이의 존재론은 존재론에 복무하는 예술의 방향이기보다는 차이의 존재론과 쌍생아처럼 움직이는 예술 철학이라 부를 수 있다. 그는 이데아나 일반적인 것 중심의 전통 존재론 대신,

차이나는 것과 유일한 것 그리고 특이한 것을 강조하는 자신의 차이 존재론을 예술을 위한 존재론이라고 말했을 정도다.

들뢰즈는 주로 프랜시스 베이컨의 작품을 분석하면서 근대 재현 회화의 벽과 한계를 가장 원초적인 방식으로 넘어섰다. 철학자들은 그리는 주체와 그려지는 대상 사이의 거리나 간격이 여전히 존재하면서 이를 넘어서는 다양한 예술적 실험들을 고찰해왔다. 그런데 들뢰즈는 지성적 경향을 띤 채로 고도의 추상적 회화를 통해 근대를 넘어 현대 미술이 나아갈 방향을 찾는 대신, 오히려 인간과 자연이 원초적으로 통일을 이룬 상태와 영역을 회화적으로 나타내는 데 집중한 베이컨에 주목했다.

예를 들어 회화 작업의 대상이 꽃이라고 할 때, 들뢰즈는 꽃이 회화적 재현 대상이 되기를 멈추어야 한다고 생각했는데, 그렇다면 회화는 어떤 작업을 하는 것일까? 그의 대답은 이렇다. 꽃과 인간이 서로 각자의 모습으로 나뉘거나 유기체화되기 전의 상태, 다시 말해 꽃의 물질적 신체가 화가의 신체에게 주는 감각과, 이 감각과 동시적이고 같은 공간적 성질을 지닌 꽃의 신체에 대한 화가의 신체 감각을 그리는 것이 회화라는 것이다. 들뢰즈는 이를 꽃의 신체성과 인간인 화가의 신체성의 '근원이 같은 성질'이기 때문이라고 말했다. "결국은 꽃의 신체와 화가의 신체라는 동일한 신체가 감각을 주고 그 감각을 받는다. 이 신체는 대상인 동시에 주체다." 그래서 들뢰즈가 주목한 베이컨의 그림들은 유독 그 형상이 뭉개지고 일그러져 그것이 무엇이라고 규정할 수 없이 탈형상적이다. 모델을 알 수 있는 인물을 그리더라도 생물학적으로 인간 종

(種)의 얼굴을 그리기보다는 인간과 동물이 서로 구분이나 분화되지 않고 동근원적으로 머물러 있는 '고기'나 '살'이라는 원초적 상태나 지점을 그려내는 것이다.

단토와 워홀—예술과 예술 아닌 것을 구분하는 근거

작품을 제작하는 예술가들 쪽에서가 아니라 미학자나 철학자들에게서 보다 엄밀하고도 분명한 문제 제기가 나오는 것에 불만을 품거나 비난해서는 안 된다. 언어로 된 텍스트에서도 이제 그렇게 되었지만 그 작품의 의미와 그것이 전하는 세계에 대해 저자나 작가만이 최종적 평결을 내리는 시대는 이미 오래전에 종언을 고했다. 이제는 그 텍스트가 내놓는 물음들의 의미와 가치를 형성하는 데 독자들이 중요한 공동 저자라는 사실을 아무도 부인하지 않는

앤디 워홀(왼쪽). 1977년 6월 14일 백악관 리셉션에서 당시 대통령 지미 카터(오른쪽)에게 초상화를 증정했다.

다. 마찬가지로 일반 감상자나 식견 있는 평자들의 문제 제기는 오히려 문제가 되는 예술 작품의 시대적 중요성과 함의를 재발견하게 해줄지도 모른다.

워홀의 작품에 대한 단토의 문제 제기가 그런 예라고 할 수 있다. 1964년에 워홀이 뉴욕 스테이블 갤러리에 〈브릴로 박스〉를 전시하자 단토는 강한 충격을 받고 "어떻게 슈퍼마켓에서 흔하게 보는 평범한 사물이 예술 작품이 될 수 있는가"라는 물음을 던졌다.

우리는 현대 미술의 근본 특징을 재현적 사유의 종언이라고 말한다. 하지만 보다 엄밀히 말하자면 재현적 사유에 기반을 둔 재현 회화의 마감은 현대 회화의 출발점에 불과하다. 현대 미술이 탈회화의 시대를 맞이할수록 더 그렇다. 다다이즘dadaism을 대변하는 마르셀 뒤샹이 1917년 뉴욕의 한 전시장에 변기를 돌려놓은 작품 〈샘〉을 전시했을 때 사람들은 '그것이 예술(작품)인가' 하고 물었다. 마치 헤겔이 말한 '예술의 종언'을 증언이라도 하듯, 예술은 무엇이어야 하고 그 본질은 무엇이라고 생각하던 사람들에게 그

워홀(1928~1987)은 1960년대 미국 팝아트 운동의 창시자로, 그의 대량 생산된 미술품은 미국 상업 문화의 진부한 소재들을 이상화한 것이었다. 그는 자신을 대중 앞에 공공연하게 노출함으로써 예술가의 개념을 성공한 유명 인사나 사업가가 아닌 비개성적이고 무의미한 존재로 제시했다. 사진을 이용한 실크 스크린을 통해 수프 깡통, 코카콜라 병 등 소비 제품들의 진부한 이미지들을 대량 생산해냈으며, 화려한 색채로 약간씩 변화를 주어 이미지를 끊임없이 반복한 유명인들의 초상을 판화로 제작했다.

단토(1924~)는 분석 철학의 본고장 미국에서 태어나 젊은 시절에는 화가가 되겠다는 꿈을 품었다가 인생의 진로를 철학으로 옮겼다. 현재 콜롬비아 대학의 명예 교수로 재직 중이며, 1984년부터 《네이션》지의 미술 비평을 맡고 있다. 분석 철학자로서 단토는 헤겔과 니체를 진지한 자세로 연구했으며, 이후 예술 철학으로 이행하면서 헤겔주의적 역사주의를 예술의 본질을 정의하는 데 도입함으로써 다원주의 시대를 위한 비평의 새로운 장을 열었다.

작품은 전혀 다른 물음을 선사했다. 즉 '무엇이 하나의 일상적 사물(대상)을 예술 작품으로 만드는가?' 이런 문제 제기의 충격을 단토는 워홀의 작품을 통해 조금 더 진행시켰다.

진부한 사물이 어떻게 예술 작품이 되는가? 단토에 따르면 〈브릴로 박스〉는 '예술이란 무엇인가?' 라는 물음에 종전의 방식으로는 대답할 수 없다는 충격을 주었다. 과거에 예술을 정의하려던 시도는 실패를 거듭할 수밖에 없는데 그것은 존재하지 않는 본질을 찾으려 했기 때문이다. 적어도 감각 인상과 지각 효과의 측면에서 브릴로라는 상표의 비누를 담기 위한 (산업 생산물로서의) 브릴로 박스와 (예술 작품으로서의) 〈브릴로 박스〉 사이에 어떤 차이가 있다는 말인가? 사실 이것들 사이에는 "지각적인 식별 불가능성"이 존재한다. 따라서 예술품의 가능 조건으로서 지각적 확인이 가능한 성질들은 이제 그 준거점을 잃었다. 단토는 "어떤 대상을 예술로 본다는 것은 우리의 눈이 볼 수 없는 무엇, 즉 예술 이론의 분위기, 예술 역사에 대한 지식, 곧 예술계(藝術界)를 필요로 한다"고 말했다. 결국 평범하고 진부해 보이는 사물을 예술 작품으로 만드는 것은 그 사물에 더해지는 이론적 해석이다. 더 이상 해석을 부여 받을 수 없다면 그것은 작품일 수 없는 것이다. 해석의 여지가 없는 사물은 그냥 사물일 뿐 더는 작품이 아니다. 사물은 그것의 해석 가능성을 통해 예술 작품이 되는 것이 아닐까? 해석을 허락하지 않는 것, 혹은 해석이 필요 없는 것이 도대체 예술일 수 있을까?

사실 더 민감한 문제는 이런 것이다. 〈브릴로 박스〉가 1964년이

브릴로 세제 상자. 워홀은 나무로 상자를 만든 후 흰색으로 채색하고, 브릴로 박스 디자인을 그대로 그려넣었다.

아닌 1880년에 등장했다면 쓰레기 취급을 당하지 않고 작품으로 취급되었을까? 어째서 한 시기에는 작품일 수 없는 것이 또 다른 특정 시기에는 작품일 수 있을까? 그런 면에서 볼 때 예술 작품이 그 역사적으로 축적된 이해의 공간과 무관하게 시간을 넘어서는 고정된 본질이 있다고 믿는 소위 본질주의자들의 실패는 너무나 자명하다. 따라서 예술에 대한 특정한 역사적 이해의 단계와 발전 정도를 무시하고서 예술 작품을 논할 수는 없다. 관찰은 이론(또는 개념)에 의존적일 뿐만 아니라 이론의 역사와 그 발전 단계와 정도에 따라 달라지게 마련이다.

더 중요한 마지막 문제가 남아 있다. 단토에 따르면 1964년 워홀의 〈브릴로 박스〉가 나온 뒤 지각적으로 인지 가능한 성질이나 속

성을 찾아 예술의 본질을 이해해오던 종래 예술 역사는 종언을 고했다. 이는 예술가의 종말이나 예술 자체의 죽음을 뜻하는 것은 아니다. 다만 특정한 방식으로 이루어진 예술의 자기 본질 찾기가 막을 내린 것이다. 단토에 따르면 예술사에는 몇 번의 큰 굴곡이 있었다고 한다. 한때 예술이 재현적이라고 믿을 때는 사물과 자연의 외양과 외관을 지배하고 다스리는 데 예술은 능숙한 재주를 보였다. 하지만 사진기와 동영상이 이런 재현적 회화보다 훨씬 실재를 잘 기술하게 되자 이런 회화의 시대는 사라졌다. 그 이후로 무엇이 예술과 예술 아닌 것을 나누는 기준이 되고 또 무엇이 회화를 다른 예술들과 구분 짓게 하는가의 문제가 등장했을 때 많은 이들은 그 기준을 매체의 물질적 조건으로 제시했다. 하지만 이런 모더니즘 경향은 워홀 등의 팝아트가 등장하자 여지없이 무너졌다. 동일한 물질적 조건인 종이인데 어떨 때는 브릴로 박스가 쓰레기통으로 사용되고 또 어떨 때는 작품 〈브릴로 박스〉로 현존하는 것이다.

과연 예술 작품이 어떠해야 한다는 특수한 방식을 아직까지도 고집할 수 있을까? 〈브릴로 박스〉의 출현으로 그것이 왜 그리고 어떻게 예술 작품이 되는지 설명해야만 하는 예술 작품의 존재론적 지위에 관한 중요한 철학적 물음이 주어진 것은 사실이다. 예술 작품이 이런 또는 저런 특별한 방식으로 존재해야만 하는지를 의심하게 되었고, 또 예술이 미래에 발전해갈 어떤 특정한 방식이나 지점이 있다고는 더 이상 그 누구도 믿지 않는다는 점에서 예술은 어떤 식으로든 하나의 종언을 맞았다고 볼 수 있는 것이다.

3. 비판 이론—새로운 해방의 가능성을 찾아서

서양 철학에서 '비판kritik'의 중요성은 칸트 이래로 철학의 중요한 과제로 등장했다. 칸트에게 비판이란 이성이 자신의 인식 능력을 비판적으로 음미하고 검토하는 것에서 시작해 인식의 조건과 전제, 한계와 범위를 규정하는 일로, 《순수 이성 비판*Kritik der reinen Vernunft*》의 과제도 바로 그것이었다. 이런 '비판'이라는 명칭은 마르크스에게서도 낯설지 않은데 그의 주요 저서인 《자본론*Das Kapital*》의 부제가 바로 '정치 경제학 비판'이었다. 하지만 여기서 비판의 의미는 칸트의 그것과는 달랐다. 단적으로 말해 '비

비판 이론kritische theorie은 1930년대 프랑크푸르트의 사회철학자 · 사회과학자 · 문화과학자들의 모임이 발전시킨 일련의 이론으로서 자본주의(나중에는 사회주의까지 포함) 산업 사회에 대한 분석을 발전시켰다. 이들의 분석 목적은 그러한 사회가 지닌 억압적인 경향을 드러내고 그것을 극복하려는 데 있었다. 마르크스주의 이후의 역사 및 사회 발전과 변화 양상에 맞추어 마르크스주의의 비판정신을 재현해보려고 노력한 사회 및 정치이론으로 평가할 만하다. 따라서 비판 이론은 사회를 변혁하려는 실천적인 정치 목표를 지니고 사회 · 문화 연구를 통해 현대 사회에 관한 사회 · 역사 철학을 추구했다. 이러한 시도는 비판 이론의 소수 '비판적 지식인', 경제적으로 착취당하는 자, 정치적으로 억압받는 자(프롤레타리아와 주변집단)들이 연대하여 억압적 사회관계와 지배적 '허위의식'(예를 들면 과학적 실증주의나 대중매체의 문화 산물들)에 비판적 · 실천적으로 대처하는 것을 목표로 삼는다.

판 이론' 적 의미의 비판은 계급적 이해관계를 은폐하거나 저장하는 일을 비판하거나 기존 현실을 비판 없이 긍정하고 정당화하는 허위의식으로서의 이데올로기를 비판하는 일을 말한다. 허위의식을 심어주는 다양한 이론적 산물들과 체계들을 비판할 뿐만 아니라 그런 이데올로기를 생산한 물적 토대 또는 현실 전반을 비판한다는 점에서 비판의 의미는 중요한 것으로 자리 잡았다. 그래서 근대적 '비판' 이 인간의 인식 능력 자체에 대한 비판이라면 현대의 '비판' 은 인간이 만든 체제나 체계가 오히려 인간을 소외시키고 억압하는 상황과 그 메커니즘에 대한 비판이라고 볼 수 있다.

게오르크 루카치—인간의 노동력은 상품이 아니다

20세기 사상가들 가운데 마르크스주의자, 미학자, 문학 이론가로서 멀티플레이에 탁월한 인물을 들라고 한다면 주저하지 않고 루카치Georg Lukács(1885~1971)를 들 수 있다. 그는 죽음에 이르는 순간에도 "최악의 사회주의라도 최선의 자본주의보다 항상 우월하다"라는 신념과 믿음을 포기하지 않은 것으로 유명하다. 1차 대전 이후 절망적인 기분에 사로잡힌 루카치는, 러시아 공산주의 혁명에서 인류가 전쟁과 자본주의 질곡에서 벗어날 수 있는 길을 발견했다는 믿음을 가지게 되었다.

루카치는 《역사와 계급의식*Geschichte und Klassenbewußtsein : Studien über marxistische Dialektik*》에서 마르크스 이후에 마르크스주의를 현실에 맞게 수정할 것을 제안한 다양한 수정주의자들을 비판했다. 루카치가 보기에 그들은 마르크스주의 개별 내용들이 현실에 맞지 않는다는 이유로 마르크스주의 정통성의 핵심으로 루카치 자신이 파악한 변증접적 방법을 제대로 지켜내지 못했다. 그는 주관과 객관, 이론과 실천, 당위와 존재 등을 통일적으로 파악함으로써 혁명적 실천의 가치를 보존할 수 있다고 믿었다.

루카치는 '총체성'의 관점을 취하는 것, 즉 개개의 사건들이나 사태들을 전체 역사 발전과 진행의 계기로 파악하는 관점을 채택하는 것이야말로 변증법의 본질이라고 보았다. 헤겔 변증법의 축적인 발전과 진화의 모습처럼, 개별적인 것들은 총체성의 계기로서 그 하나하나가 총체성을 반영할 뿐만 아니라 총체성 역시 그 자체로 성립된다기보다 수많은 다양한 개별적 계기들의 전개와 매개를 통해 확보된다는 것이다. 보다 고지식한 마르크스주의자들은 그 총체성의 적용 영역을 물리적 자연 세계와 역사 · 사회 영역, 사유 영역으로 나누지 않고 이 모든 영역에 공통되는 것으로 정의하고 싶어 할지도 모른다. 하지만 루카치에 따르면, 이렇게 자연과 역사의 범주를 구분하지 않는 입장은 변증법적 방법의 혁명성을 후퇴시킨다고 보았다. 자연 변증법이나 자연이 사회에 반영된다는 반영론적 입장으로는 주체와 객체, 이론과 실천, 존재와 당위 사이의 변증법적 상호 작용이 가지는 혁명적 성격을 제대로 파악하지 못하기 때문이다.

무엇보다도 루카치에게서 돋보이는 중요한 개념은 '물화(物化)'다. 이 개념은 마르크스의 소외 개념을 루카치가 나름으로 자기화한 것이다. 루카치는 인간 주체의 결과물인 상품이 다시 인간을 지배하고 억압하는 현상 그리고 인간의 고유한 능력으로 간주되는

노동력 또한 상품으로 값이 매겨져 거래되는 현상을 총칭하여 물화라고 불렀다. 다시 말해 루카치에게 물화란 인간 주체의 산물인 객체와 대상이 인간 주체와 분리되어 서로 갈등하고 반목하는 사태다. 이것은 루카치가 변증법을 통해 획득한 총체성에 반하는 것으로도 볼 수 있다. 루카치가 이러한 주체와 객체 간의 거리나 대립을 극복하고 나아가려고 했던 방향은 도대체 어디일까?

이 방향은 종국에는 주객이 합일되는 헤겔의 절대 정신으로 귀결되는 듯한 인상을 주지만, 루카치는 역사적 현실이 아닌 곳에서 이 주객 합일의 지향점을 발견하지 못한 헤겔에게 비판적일 수밖에 없었다. 루카치는 물화를 극복하고 인간 주체와 그 산물이 전혀 소외되지 않는 지평을 실현할 존재를 프롤레타리아 계급이라고 간주했다. 프롤레타리아는 노동력의 상품화와 물화를 통해 자기 소외를 겪는 주역이다. 루카치가 보기에 프롤레타리아에게는 자신들이 처한 이런 상황에 대한 올바르고 총체적인 인식이 필요하다. 바로 이런 인식이야말로 루카치가 보기에 투쟁의 중요한 무기인 것이다. 다시 말해 프롤레타리아 계급의 자기 인식은 그가 속한 사회 전반에 대한 올바른 인식과 직결된다. 따라서 프롤레타리아의 이익은 사회 전체의 이익과 동일해진다. (자기) 인식이 (이익을 위한) 투쟁을 끌어당기므로, 이론은 실천과 동떨어져 있지 않고 함께 변증법적으로 서로를 지양하며 앞으로 나아간다는 것이 루카치의 생각이다.

하지만 이런 프롤레타리아 중심의 이익 실현과 역사 발전론은 지나치게 인간주의적이며 역사주의적이라는 비판을 받기도 했다. 또한 자연 안의 변증법적 질서나 차원을 무시하거나 반영론을 부정한 것 등은 한때 루카치 자신의 자기비판의 주제가 되기도 했다.

테오도르 아도르노—동일성의 원리를 넘어서야 한다

아도르노Theodor Wiesengrund Adorno(1903~1969)는 철학만큼이나 음악 평론과 작곡에 열정과 재능을 보인 철학자로 유명하다. 한때 자신에게 작곡을 가르친 스승이 "칸트와 베토벤 가운데 하나를 선택"하지 않으면 안 될 것이라는 편지를 보낼 정도로 음악에 강한 애정과 선망을 보인 그는, 1933년에 나치를 피해 영국으로, 2차 대전 중에는 미국으로 피신하며 학문 활동을 계속했다. 주요 작품으로는 또 다른 비판 이론의 대가인 호르크하이머Max Horkheimer와 함께 저술한 《계몽의 변증법*Dialektik der Aufklärung*》, 《부정의 변증법*Negative Dialektik*》, 유고로 남겨진 《미학 이론*Ästhetische Theorie*》 등이 있다.

《계몽의 변증법》에서 그는 어떤 생명체든 그 생명의 자기 보존이 제1덕목이라는 스피노자식의 명제를 자신의 가장 기본적인 입장으로 간주했다. 인간은 막강한 힘을 지닌 자연 앞에서 자연을 극복하고 지배하는 자가 될지, 자연에 지배를 받는 자가 될지를 택할 수밖에 없다. 죽음의 공포든 생존에 대한 열망이든, 인간은 위협적인 자연의 지배에서 벗어나고자 하는 투쟁을 계속하면서 자연을 지배하는 길로 들어서는 것이다.

하지만 이런 자연의 지배는 진공 상태와도 같은 백지에서 이루어지는 것이 아니라 일정한 사회적 구조와 규칙에 따라 이루어진다. 자기 보존에 필요한 재화의 생산과 노동을 공동체 구성원들에게 한편으로는 분배하고 또 다른 한편으로는 소비하는 사회적 지배 구조 없이는 자연을 지배하기가 불가능하기 때문이다. 자연이 인간을 위협해서 인간을 부자유하게 하는 것도 있지만, 사회적 지배나 강제에서 오는 부자유함도 존재하기 마련이다. 다시 말해 큰 자연적 장애들에서 자유롭게 되자마자 인간들은 서로 모여 살게 되었고, 그 결과 인간들 사이의 사회적 지배 구도가 형성된 것이다. 사실 지배는 외적 자연에 대한 지배뿐 아니라 내적 자연이라 불리는 육체와 그 욕망과 감정 등도 지배와 통제의 대상이 된다. 하지만 자기 보존과 생존이라는 제1덕목은 자기 아닌 다른 것에 대한 폭력의 행사를 통해 타자적인 것들에 대한 배제를 가져오고, 자연과의 일체감 상실, 정서 억압, 타인들에 대한 통제와 같은 결과들을 불러온다.

아도르노는 자연과 사회에서 인간이 자기 보존을 위해 벌이는 모든 지배를 '동일성의 원리'라는 개념으로 풀이했다. 이 개념은

아도르노의 비판 이론에서 핵심 개념으로, 자연과 사회를 막론하고 자신과 다른 모든 것을 동일한 하나의 형식으로 강제하는 지배 원리를 말한다. 다시 말해 자연을 지배하는 수단으로서는 대상을 마음대로 조작하려는 개념적 사고를, 사회를 지배하는 수단으로서는 교환을, 내적 자연을 지배하는 수단으로서는 현대의 문화 산업들과 개인의 정체성 구조를 동일성의 원리로 들 수 있다.

하나하나 살펴보면, 우선 자연이 인간의 개념적인 조작과 작업 대상으로 파악되자, 자연 자체의 타자성과 이질성은 개념의 큰 그물에 걸리지 않게 되어 쓸모없는 것이 된다. 다음으로 사회 역시 동일성의 원리에 강하게 지배를 받는데, 예를 들어 인간의 노동을 평균적인 노동 시간이라는 추상 개념으로 환원함으로써, 또한 교환을 사회 모든 영역에 적용하게 됨으로써, 교환은 동일성의 원리의 사회적 모델이 된다. 마지막으로 아도르노가 보기에 현대의 다

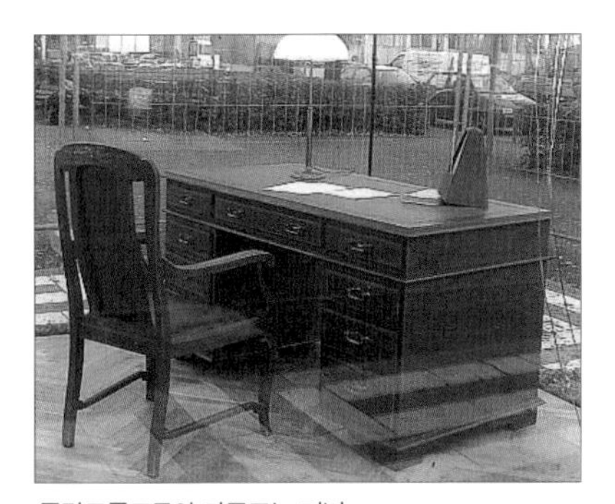
프랑크푸르트의 아도르노 기념물. 책상, 의자, 메트로놈 등 모든 물건들은 아도르노의 서재에서 가져온 것이다.

양한 문화 산업은 개인들의 주체적인 정체성을 형성시키는 데 도움을 주기보다는, 개개인을 정형화함으로써 오히려 주체성 상실을 조장하는 메시지와 이데올로기를 심어주는 것으로 비판의 대상이 되었다.

그의 비판 이론에서 우리는 마르크스 이론과의 중요한 차이점을 발견할 수 있다. 예를 들어 마르크스의 생산력 개념은 너무나도 쉽게 자연에 대한 인간의 지배를 긍정함으로써 그것을 무분별하게 방치하는 결과를 낳는 것이 아닐까?

또한 이런 질문을 떠올려볼 수도 있다. 후기 자본주의에서 과연 마르크스와 루카치가 생각한 것과 같이 프롤레타리아가 여전히 혁명의 주체로서 자신의 역할을 할 수 있을까? 혁명적 주체로 자리 잡는 것을 지연하거나 방해 또는 와해하는 다양한 문화적 조작과 순응적 이데올로기를 양산해내는 것이 바로 현대의 문화 산업이지 않은가. 그렇다면 아도르노는 역사적 필연성에 대한 마르크스주의의 전망을 포기한 것일지도 모른다. 또한 사회적 변혁에 대한 실천적인 전략을 찾는 노력을 단념한 것일지도 모른다. 왜냐하면 분석을 넘어서서 대안을 구체적으로 수행할 주체나 세력에 대한 논의를 찾기 쉽지 않기 때문이다.

위르겐 하버마스—대화를 통해 해방으로 가자

비판 이론의 사상가들 가운데 가장 젊은 축에 드는 하버마스

Jürgen Habermas(1929~)는 하이데거를 열심히 읽었지만 그가 보인 철학과 정치 사이의 불분명한 관계를 비판했으며, 나중에 아도르노와 호르크하이머가 지은 《계몽의 변증법》을 읽고 깊은 감명을 받았다. 한때는 독일 학생 운동의 이론적인 지도자로 떠받들어지기도 했으나 학생 운동이 점점 급진화되고 과격성을 띠면서 결별하게 되었다. 다른 한편 푸코와 같은 포스트모더니스트들과는 달리 하버마스는 서양의 근대를 미완성, 미완결의 기획이라고 파악한다.

하버마스의 궁극적인 목표는 인간 해방을 추구하는 '비판적 사회 이론'을 정립하는 것이라고 볼 수 있다. 그에 따르면 모든 지배와 이데올로기에서 해방되려는 관심이 비판적 사회 과학의 원동력일 뿐만 아니라, 정의 및 책임을 끊임없이 환기시키려는 비판적 철학이 또한 비판적 사회 과학의 원동력이라고 말한다. 하버마스는 마르크스가 실천 개념을 지나치게 노동력 차원으로 한정한다고 비판하면서 노동은 외적인 자연의 지배에서 해방을 돕는 도구적 행위라고 간주하고, 내적 자연에서의 해방은 "자유로운 의사소통적 행위"를 통해 실현된다고 했다. 따라서 하버마스는 체계적으로 왜곡된 의사소통을 거부하고, 억압이 없으면서 자유로운 대화가 가능한 의사소통을 새로운 해방의 영역으로 규정했다. 하버마스가 보기에 마르크스주의의 패러다임, 즉 생산력의 급격한 증가와 발전에 따라 프롤레타리아 계급이 사회를 혁명적으로 변화시켜 인간 해방과 계급 해방을 동시에 실현한다는 이론으로는, 현대적인 해방의 가능성을 제시하기 어려웠다. 또한 마르크스는 과학과 기술

안에서 명백히 해방의 잠재력을 보았지만, 하버마스는 그것이 오히려 새로운 사회적 억압의 매체가 될 수 있다고 비판했다. 그래서 그는 새로운 형태의 해방 가능성을 찾았는데, 바로 의사소통을 통한 해방의 가능성이었다. 그는 이 해방 가능성의 실현을 위해 이상적인 대화의 상황을 가정했으며, 그것은 다음과 같은 몇 가지 요소와 조건으로 규정된다.

1. 모든 대화 참가자는 타인의 의견을 경청하고, 이들의 물음에 개방적으로 답변하고 토론에 임한다.
2. 어떤 상황이든 본인이나 다른 대화 상대자를 기만하거나 속일 의도를 가져서는 안 된다.

3. 대화 상대를 동등한 인격의 소유자로 대하고 판단력과 지각이 있는 주체로 대한다.
4. 대화 중에 제기된 물음이나 질문에는 그 어떤 금기도 적용되지 않으며, 누구도 질문에서 벗어나는 특권을 누릴 수 없다.
5. 인종이나 계급적 편견이나 지위가 대화 상대의 의견을 제지하거나 막기 위한 억압적 수단으로 사용되어서는 안 된다.

하버마스는 《의사소통 행위 이론*Theorie des kommunikativen Handelns*》에서 의사소통을 통한 해방 가능성을 한층 발전시켰다. 의사소통적 합리성은 의사소통 행위에 내재하는 합리성으로, 이런 의사소통 행위를 통해 해방적인 잠재력의 가시화가 가능해진다고 볼 수 있다. 궁극적으로는 외적인 강제 없이 일치를 이루고 합의를 형성하는 논증적인 대화가 가지는 힘을 체험하는 것이 중요하다. 서로 다른 참여자들은 대화를 통해 애초의 주관적인 견해와 관점을 극복하고, 합리적으로 동기 지워진 확신을 통해 객관적 세계와 공통 논의 영역에 대한 근거 있는 신뢰를 획득하며, 서로 주관적인 논의들에서 통일성을 확보하기 때문이다.

4. 현대를 넘어 미래의 철학으로

우리는 이제까지 현대 철학의 중심 주제들, 즉 언어, 현상과 실존, 무의식과 예술, 비판 이론 등을 차례로 다루어왔다. 현대 철학의 특징을 한마디로 말한다는 것 자체가 어떻게 보면 지금도 진행 중인 현대 철학과 모순될지도 모른다. 하지만 현대의 시점에서 현대 철학의 주제들을 가로지르는 특색을 말할 수 없는 것은 아니다. 그것은 그동안 사유되지 않았던 것을 사유하려는 자세와 노력이다. 다시 말해 이면(裏面)의 사유라고 말할 수 있을 것이다. 욕망이 이성의 이면이며, 무의식은 의식의 이면이며, 언어는 인간과 사물의 이면이며, 대상이나 사물만이 현상의 주제가 아니라 현존재나 인간 실존이 현상이 될 수도 있다는 것이 바로 이면의 사유이다. 뒤집어 보는 사유, 거꾸로 읽어 보는 사유, 비스듬히 그리고 삐딱하게 보는 사유 등은 이면의 사유에 다름 아니다.

그러고 보면 이런 사유를 현대만의 사유라고 말하기 어려울지도 모른다. 철학은 항상 자기 이전에 묻지 않았던 것을 과감히 물음으로써 성장 · 발전해왔다. 알고 있다고 믿었던 것, 당연하다고 믿었던 것, 그것을 물으면 바보 취급을 받을 수 있는 것을 철학은 물어왔다. 굳이 이를 근대와 현대 등으로 나누었던 것은 그 물음의 주제와 강도가 서로 달랐기 때문이다. 그렇다면 지금 이 시점의 현대 철학과 앞으로 다가올 시점의 철학을 나눌 분기점은 무엇일까? 아직 펼쳐지지 않은 미래 철학에 대한 이 질문은 예측에 의존할 수밖에 없기 때문에 대답 또한 예측의 성질을 띨 수밖에 없을 것이다.

첫째, 과학과 기술의 발전, 특히 생명공학과 인터넷의 발전이 가져다 줄 인간 사회의 문제점을 다루게 될 철학이 부상하게 될지도 모른다. 그래서 과학의 성과를 인정하면서도 그 문제점을 비판적으로 보는 철학과 매체의 중요성을 이해하는 철학이 필요하게 될 것이다.

둘째로, 환경 문제를 전 지구적으로 다루는 환경 철학과 지구촌으로 확대된 생활 반경에 어울리는 철학이 필요할 것이다. 그래서 행위 문제를 다루는 윤리학이나 과학 기술의 민주적 통제와 관리를 담당하는 비판적 사회 철학은 여전히 유효할 것이다.

셋째로, 시대의 변화와 다양한 학문의 발전 그리고 문화들 간의 만남으로 연구의 주제가 폭넓어지고 확대되어가더라도 여전히 이전 시대의 학문적 · 철학적 성과를 비판적으로 계승 발전시키는 작업은 계속될 것이다. 그래서 영원한 철학의 문제들, 즉 인간의 본질, 존재의 본질, 생명의 본성, 공동체의 본성 등에 대한 탐구는 포기되지 않을 것이다.

혼자 해보는 철학 1

무엇을 '의식적'이라고 해야 할 것인지에 대해 더 이상 고민할 필요는 없습니다. 그것에는 의심의 여지가 없습니다. '무의식적'이라는 단어의 가장 오래되고 적합한 의미는 기술(記述)적인 것입니다. 우리가 '무의식적'이라고 하는 것은, 그의 실체에 대해서는 전혀 모르지만 그의 작용과 효과에서 그의 존재를 추론해서 가정할 수밖에 없는 그러한 심리적 과정을 지칭하는 것입니다. 그것은 다른 사람의 심리 과정에 대한 우리의 관계와도 같습니다. 단지 그것이 우리 자신의 그것이라는 사실만이 다를 뿐입니다. 좀 더 정확하게 표현하자면 그 문장을 다음과 같이 수정해야 할 것입니다. 즉 그것이 그 순간 활동하고 있음이 틀림없는데도 우리가 그에 대해 아무것도 아는 것이 없을 때 우리는 그것을 '무의식적'이라고 지칭할 수 있다는 것입니다. 이러한 제한은 대부분의 의식 과정이 극히 잠시 동안만 의식되고 곧바로 잠재적인 의식이 되었다가 그 후에 아주 쉽게 다시 의식될 수 있다는 사실을 한 번 더 상기시켜줍니다. 잠재 상태에서 그래도 무언가 심리적인 것으로 남아 있다는 확신이 있을 때, "그것이 무의식적인 것이 되었다"라고 이야기할 수도 있습니다……다른 방법으로는 접근이 불가능했던 저 깊숙한 곳에 있는 자아와 이드의 관계를 파악해내는 능력이 있을 수 있다는 것도 상상해볼 수 있습니다. 이러한 방법으로 모든 구원을 가능케 하는 마지막 진리들이 파악될 수 있는지 적이 위안을 받으면서도 의심스러운 것이 사실입니다. 어쨌든 정신 분석의 치료 노력들이 그와 비슷한 공격을 받을 수 있는 논점들을 채택해 냈다는 사실을 인정하고 싶습니다. 정신 분석의 치료 의도는 자아를 강화하고 그 자아를 초자아에서 독립적으로 만들어주고 그의 지각으로 할 수 있게 하는 것입니다. 이드가 있던 곳에 자아가 생성되어야 합니다.

—프로이트, 《새로운 정신 분석 강의*Neue Folge der Vorlesungen zur Einführung in die Psychoanalyse*》

이 글에서 프로이트가 무의식을 어떻게 정의하는지 주목해서 살펴보자. 프로이트 이전에는 의식이 잠깐 기능을 상실할 때나 방심할 때 생기는 일시적이고 잠정적인 상태를 무의식이라 불렀으며, 많은 철학자들도 그렇게 생각해왔다. 하지만 프로이트는 무의식을 의식에 대응하는 그리고 의식이 상대해야만 하는 실체적인 동료로 정립하기 시작했다. 개인적으로 각자의 생활 속에서 어떤 구체적인 체험들을 통해 무의식 상태나 실체적인 무의식을 느끼고 파악하는지 살펴보자. 또한 무의식과 의식, 또는 이드와 자아 사이의 관계에 대해 프로이트가 어떻게 생각하는지를 살펴보고 어떤 관계 설정이 이루어지는지 정리해보자.

혼자 해보는 철학 2

나의 견해로는──예술이 표면적으로나 비본질적으로 무엇인가 하는 물음과 대립되는 물음으로서──예술이 진정으로 그리고 본질적으로 무엇인가 하는 물음은 철학이 취하기에 적절하지 않은 잘못된 형식의 물음이며, 내가 여러 글에서 개진한바 있는 예술의 종말에 관련한 견해들은 이 물음의 진정한 형식이 어떠해야 하는지를 보여주려는 노력이었다. 앞에서 살펴보았듯이, 이 물음의 형식은 다음과 같다. 양자 사이에 흥미로운 지각적 차이가 존재하지 않을 때 예술 작품과 예술 작품이 아닌 어떤 것 사이의 차이를 이루는 것은 무엇인가? 나에게 이러한 물음을 불러일으킨 것은 1964년 4월, 맨해튼 이스트 74번가의 스테이블 갤러리에서 열린 앤디 워홀의 〈브릴로 박스〉 조각 전시회였다. 아직도 선언문의 시대였던 그때 〈브릴로 박스〉의 출현은 결국 많은 것을 전복할 것으로 생각되었지만, 여전히 선언문 시대의 잔존자들로 남아 있던 많은 사람은 워홀이 한 일은 진정으로 예술이 아니라고 말했다. 그러나 나는 그것이 예술임을 확신했으며, 나를 흥분시킨 물음, 진정으로 심원한 물음은 워홀의 〈브릴로 박스〉와 슈퍼마켓의 저장실에 있는 브릴로 박스 사이의 그 어떠한 (지각적인) 차이도 사물과 예술 사이의 차이를 설명할 수 없다고 할 때, 양자 사이의 차이는 과연 어디에 있는가 하는 것이었다. 나는 모든 철학적 물음들이 그러한 형식을 가진다고 주장해왔다. 즉 겉으로는 식별 불가능한 두 가지가 상이한, 실로 대단히 상이한 철학 범주들에 속할 수 있는 것이다. 가장 유명한 예가 근대 철학의 시대를 연 데카르트의 《성찰》에 들어 있는데, 이 책에서 데카르트는 꿈과 깨어 있음을 구별할 수 있는 내적 징표가 존재하지 않는다는 것을 깨달았다. 칸트는 도덕적인 행위와, 이 행위와 아주 닮았지만 도덕성의 원리에 단지 일치하는 것처럼 보일 뿐인 행위 사이의 차이를 설명하고자 했다. 내가 생각하기에, 하이데거는 진정성과 비진정성 간의 차이가 아무리 중요하다 하더라도, 진정한 삶과 진정하지 않은 삶 사이에는 외적인 차이가 없음을 보여주고 있다. 그리고 그는 이 목록이 철학의 바로 경계선까지 확장될 수 있다는 암묵적인 신념을 가지고 있었다. 그러나 이제 철학적 문제란 왜 그것이 예술 작품인지를 설명하는 것이다. 워홀과 함께 예술 작품이 이래야 한다는 특별한 방식이 존재하지 않는다는 점은 분명해졌다. 그것은 브릴로 박스처럼 보일 수도 있고 수프 깡통처럼 보일 수도 있다. 그러나 워홀은 이런 심원한 발전을 이룩한 예술가 집단에 속한 한 명에 불과하다. 음악과 소음의 구별, 무용과 몸동작 사이의 구별, 문학과 한갓된 글쓰기 사이의 구별도 워홀의 돌파와 같은 시기에 이루어진 일이며, 그것과 모든 면에서 평행선을 그으면서 진행되었다.

—단토, 《예술의 종말》

단토의 논리를 따라가다 보면 아름다움을 재현하는 작업을 예술이라고 규정하는 종래의 입장이 무색해진다. 예술과 그렇지 않은 것 사이의 경계는 워홀 이후 사라진 것일까? 워홀의 〈브릴로 박스〉나 뒤샹의 〈변기〉는 일상생활에서 흔히 볼 수 있는 것을 가져다놓고는 작품이라고 한다. 이런 것을 예술이라고 할 수 있을까? 만약 여러분이 신던 신발을 전시회에 가져다놓아도 작품으로 인정받을 수 있을까? 감각적이거나 지각적인 차원에서 어떤 아름다움을 주는 것을 예술성이나 예술적인 것으로 규정하는 종래의 예술관은 워홀이나 뒤샹 이후 불가능해졌다. 이렇듯 아름다움을 의도적으로 추구하지 않는 방식으로 예술이 가능하다면 그런 예술의 지향점은 어디일까? 아름다움을 추구하지 않는 예술에는 어떤 것들이 있는지 찾아보고, 그런 예술이 무엇을 말하고자 하는지 살펴보자.

더 읽어볼 만한 책

들라캉파뉴, 크리스티앙, 《20세기 서양 철학의 흐름》(조현진 · 유서연 옮김, 이제이북스, 2006)

언뜻 보면 그렇게 체계적인 방식으로 저술한 것 같지는 않지만 이 책의 덕목은 저자의 주관, 즉 역사적이고 사회적인 흐름 속에서 20세기 철학의 물음들을 다룬다는 점이다. 이 책은 철학자 개인의 정치 참여를 둘러싸고 많은 논쟁을 불러일으킨 하이데거와 사르트르 등의 이야기를 흥미진진하게 전개했다. 우리나라에서뿐만 아니라 외국에서도 이런 거시적 관점으로 철학자 개인과 그 작품들을 다룬 책을 찾기란 그렇게 쉽지 않다. 지나치게 이론적으로 흐르는 입문서들의 단점을 잘 보완해주는 책이다.

박정호 · 양운덕 · 이봉재 · 조광제 엮음, 《현대 철학의 흐름》(동녘, 1996)

우리나라 연구자들과 전공자들이 현대 철학의 전 지형을 깊이 있게 다룬 책이다. 비트겐슈타인을 포함한 분석 철학과 구조주의 및 포스트구조주의까지 다룬 만큼 가장 폭 넓은 서양 현대 철학 입문서라 할 수 있다. 외국 저자가 아닌 우리나라 연구자들이 썼기에 읽기 수월한 점이 있는 것은 사실이지만, 내용까지 그렇지는 않다. 대학의 철학 전공이나 부전공 수업에서 '현대 철학 사조' 나 '현대 철학의 흐름' 같은 제목으로 열리는 강의의 주교재로 적합한 책이다. 철학자마다 소개의 난이도와 깊이가 같다고는 볼 수 없지만 해당 철학자의 원전을 보기 전에 전체 윤곽과 다른 철학자들과의 관련성을 대조해보는 데 쓸모 있는 책이다. 우리가 다룬 소쉬르나 프로이트가 빠져 있다는 것이 아쉬운 점이다.

베르제, 앙드레 · 위스망, 드 니, 《프랑스 고교 철학》 1~4(남기영 옮김, 삼협종합출판부, 1999~2000)

이 책은 역사적 관점이 아니라 주제별로 철학에 접근한 책이다. 반드시 현대 철학의 주제들만 다룬다고는 볼 수 없지만 저술의 시점이 현대인만큼 해당 주제의 고전성(1권—인간학 · 철학 · 형이상학, 2권—인간과 세계, 3권—지식과 이성, 4권—실천과 목적)에도 불구하고 현대적 논의와 쟁점이 배제된 것은 아니다. 프랑스 고교 철학이라는 딱지가 붙어 있지만 그 명칭에 구애될 필요는 없다. 논의 수준으로 봐서는 우리나라 대학의 철학 전공 3~4학년이 보아도 유익할 만큼 체계적이고 깔끔한 정리와 분석이 뒤따른다. 흔히 다루지 않는 정념이나 감정의 문제, 습관의 문제 등은 다른 철학 입문서에서 찾아볼 수 없는 장점이다. 프랑스의 대학 입학 자격시험인 바칼

로레아의 철학 논술 문제도 함께 실려 있어, 프랑스 고등학교 3학년생들의 내공을 짐작할 수 있다.

스피겔버그, 허버트, 《현상학적 운동 Ⅰ, Ⅱ》(최경호 · 박인철 옮김, 이론과실천, 1991~1992)

우리가 공부한 후설, 하이데거, 사르트르, 리쾨르 등에 대한 역사적인 안내는 물론이고 내용적인 측면에서도 단순한 소개서를 뛰어넘는 유익한 책이다. 우리가 미처 다루지 못한 메를로 퐁티, 레비나스, 뒤프렌느 등에 대한 해설도 제공되어, 현대 유럽 철학 중에서 현상학과 관련되는 대부분의 흐름을 통찰했다고 볼 수 있다. 저자인 스피겔버그는 한때 후설의 학생이기도 했다.

이기상, 《철학노트》(까치글방, 2002)

지은이가 한국을 대표하는 하이데거 연구자의 하나라는 점이 책의 군데군데에서 묻어나지만, 그 점이 이 책의 저술에 불균형을 일으킨다고는 결코 느껴지지는 않는 (현대) 철학 입문서다. 역사적 관점과 주제별 관점을 적절하게 배분해서 저술한 것이 눈에 띌 뿐만 아니라, 저자가 쉬운 우리말로 철학의 어려운 문제들을 친절하게 안내하기 위해 노력한 흔적이 스며든 책이라고 느껴진다. 지금껏 소개한 책들 가운데 가장 가벼운 마음으로 읽을 수 있을 것이다.